Bettina von Arnim

Worte wie Flügel

Herausgegeben und eingeleitet
von Antje Burkhardt

Herder
Freiburg Basel Wien

Umschlagmotiv:
Nach einem Foto von Anselm Spring

Herstellung: Clausen & Bosse, Leck
ISBN: 3-451-23174-3

Inhalt

Einführung 7

»Ich selber zu bleiben,
das sei meines Lebens Gewinn«
Über die Suche nach dem Selbst 17

»Mein Wille ist die Liebe«
Über die Liebe 29

»Daß ich in Dir finde,
was ich vergebens in andern suchte»
Über die Freundschaft 43

»Die Welt ist wunderbar«
Über Lebensfreude und Glück 51

»Die Erkenntnis Deiner Seele
wird Dich hell machen«
Über Seele und Geist 61

»Sittlichkeit und Anstand,
das sind zwei dumme Wächter«
Gegen Konvention und bürgerliche Moral . 71

»Meine Sehnsucht, mein Gefühl sind Melodien, die sich ein Lied suchen«
Über Poesie, Kunst und Musik 89

»Gott ist die Leidenschaft«
Über Religion 97

»Die Natur wird Geist in des Menschen Sinne«
Über die Natur 107

»Die erkennen nicht Gott, die das Unrecht geschehen lassen«
Über Politik, Gesellschaft und Staat . . . 117

Quellenhinweise 127

Einführung

Mit Bettine von Arnim – auf die gewohnte Schreibweise »Bettina« wurde verzichtet, da sie selbst der vertrauter anmutenden Form ihres Namens den Vorzug gab und fast immer »Bettine« unterschrieb – begegnet uns eine der interessantesten und widersprüchlichsten Schriftstellerinnen der Romantik.

Geboren 1785 in Frankfurt am Main als Tochter des italienisch-stämmigen Großkaufmanns Peter Anton Brentano und seiner Ehefrau Maximiliane von Laroche wächst das Kind in einer Großfamilie auf. Nach dem Kindbett-Tode der Mutter schickt der Vater seine vier jüngsten Töchter nach Fritzlar in ein Kloster der Ursulinen, wo sie eine streng katholische Erziehung genießen. 1797, auch der Vater ist gestorben, ziehen die Geschwister zu ihrer Großmutter Sophie von Laroche. Der Salon der gefeierten Verfasserin empfindsamer Romane in Offenbach bildet den Treffpunkt von Künstlern, Gelehrten, Schriftstellern, viele von ihnen französische Emigranten. Immer Teil dieser freigeistigen Atmosphäre: die junge Bettine, ein aufgewecktes, intelligentes Mädchen, welches eine für die Zeit ungewöhnliche Freiheit genießt.

Fasziniert von dem vielseitigen Talent – sie zeichnet, musiziert, liest – ermuntert der ältere Clemens, Student in Jena, seine Schwester, ihre Gedanken schriftlich niederzulegen. Ein reger brieflicher Austausch entsteht, in welchem Clemens ihr die Gedanken der Frühromantik vermittelt. Während er jedoch Ermahnungen, Arbeits- und Lesevorschläge weitergibt, ja als Verfechter der Konvention auftritt, rebelliert Bettine gegen die Regeln des Anstands, die wahre Menschlichkeit verhindern. Das unmittelbare Naturerlebnis auf einsamen Wanderungen inspiriert sie zu einer Fülle sprachlicher Bilder, welche die Welt der Gefühle dem rein Verstandesmäßigen entgegensetzen. Die Natur wird personifiziert, beseelt, die Schilderung korrespondiert mit der eigenen Stimmung.

1801 lernt Bettine den Studienfreund des Bruders, ihren späteren Ehemann Achim von Arnim, kennen.

Der Briefwechsel Bettinens mit der Dichterin Karoline von Günderode setzt der Freundschaft ein Denkmal, die für sie Offenheit und gegenseitiges Vertrauen bedeutet. Die unglückliche Liebe der Günderode zu dem Heidelberger Professor für Philologie, Georg Friedrich Creuzer, führt zur Entfremdung der so ungleichen Freundinnen. Karoline von Günderode wählt

1806, erst sechsundzwanzigjährig, den Freitod.

Die Lektüre der Briefe Goethes an ihre Mutter Maximiliane, neben Charlotte Buff Vorbild für die Lotte in den »Leiden des jungen Werthers«, veranlaßt ihre Tochter, die Bekanntschaft von Goethes in Frankfurt lebender Mutter zu suchen. Stunden verbringt sie im Hause Goethe, lauscht den Erzählungen aus der Jugend des berühmten Sohnes. Die tiefe Verehrung, welche sich nach Besuchen in Weimar und persönlicher Bekanntschaft zu stürmischer – wohl platonischer – Liebe wandelt, findet einen Höhepunkt in den poetischen Briefen an das Dichtergenie, in welchen Bettine ihre innersten Gefühle offenbart. Die Liebe bleibt ihr großes Thema. In der Korrespondenz mit Goethe zeigt sich die bedingungslos Liebende, die in der Liebe den Schlüssel zur inneren Freiheit sucht. Doch verliert sich die Bewunderung für den dreieinhalb Jahrzehnte Älteren nie in inhaltslose Schwärmerei, sondern ermöglicht der jungen Frau die Formulierung einer originellen und reichen Gedankenwelt. Die Beziehung zu Goethe bleibt unausgewogen: der Distanz des Dichters bis hin zum Zerwürfnis mit seiner Ehefrau Christiane 1811 steht die rückhaltslose Hingabe Bettinens gegenüber.

Bettine folgt 1808 der Schwester Gunda und deren Mann, dem Rechtsgelehrten Carl Friedrich von Savigny, als dieser einen Ruf an die Universität Landshut erhält. In München, wo Bettine Savignys Kinder versorgt, erhält sie Musikunterricht bei dem Hofkapellmeister Peter von Winter, pflegt die Freundschaft zu Friedrich Heinrich Jacobi, Präsident der Bayrischen Akademie der Wissenschaften, und dem Dichter Ludwig Tieck. Die Liebe zur Musik führt in den folgenden Jahren zur Bekanntschaft mit Clara und Robert Schuhmann, Gasparo Spontini, Franz Liszt, Felix Mendelssohn-Bartholdy, Johannes Brahms und Ludwig van Beethoven. In Landshut, zu dieser Zeit Zentrum geistiger Erneuerung in Süddeutschland, ist Bettine Mittelpunkt der Schüler Savignys, unter ihnen Max Prokop von Freyberg, mit welchem sie eine schwärmerische Liebe teilt. Der Briefwechsel mit dem Juristen zeugt von der Entwicklung in den letzten Jahren ihrer Jugend, vom nur schwer gefaßten Entschluß, sich an Achim von Arnim zu binden.

1810 wechselt Savigny nach Berlin; Bettine trifft auf dem Familienbesitz Bukowan in Nordböhmen Achim von Arnim, zu welchem der Kontakt nie abgerissen ist. Obwohl Ehe und Häuslichkeit Angepaßtheit und Freiheitsverlust bedeuten, entscheidet sie sich für die Ehe mit dem aus dem märkischen Landadel stammenden Dichter. Im März 1811 heiraten beide, eine neue Lebensphase beginnt.

Als Mutter stellt Bettine von Arnim die eigene Schaffenskraft in den Hintergrund und widmet sich dem Ehemann, welcher sich zwischen seiner Aufgabe als Verwalter des Gutes Wiepersdorf und der Berufung als Dichter zerreibt. Um die Erziehung der Kinder zu gewährleisten, wohl auch aufgrund zunehmender Spannungen zwischen den Eheleuten, lebt sie monatelang in der Großstadt Berlin, verkehrt im Kreise des preußischen Hofes, während Arnim das zurückgezogene Landleben bevorzugt. Die Briefe des Paares kreisen um die Probleme des Alltags, Schwangerschaft und Geburt, Kinderkrankheiten, finanzielle Engpässe, Dienstbotensorgen, gesellschaftlichen Klatsch.

Trotz der sie einschränkenden äußeren Umstände bewahrt Bettine die intellektuelle Eigenständigkeit, entflieht der Enge des Lebens im Biedermeier durch die zahlreichen Kontakte zu den geistigen Größen ihrer Zeit und nimmt die Position der Außenseiterin billigend in Kauf. Durch Achim von Arnim lernt sie den evangelischen Theologen und Philosophen Schleiermacher (1768–1834) kennen. Der Romantiker beeinflußt die im katholischen Glauben Erzogene mit seiner Auffassung vom Wesen der Religion als mystisches Innewerden des Universums. Schon für die junge Frau offenbart sich Gott in der Natur, in Seele und Geist des nach höherer Erkenntnis strebenden Menschen, nicht aber in einer in leblosen Riten erstarrenden Kirche, deren Dogmatik die Tochter eines katholischen Vaters und einer protestantischen Mutter ablehnt.

1831 stirbt, erst fünfzigjährig, Achim von Arnim. Lange Jahre widmet seine Frau der Herausgabe des literarischen Nachlasses des großen Lyrikers der Romantik. Ungeachtet der Verantwortung für die sieben noch minderjährigen Kinder und des Widerstandes der eigenen Familie, welche unsittliche Enthüllungen und den Bruch gesellschaftlicher Konvention fürchtet, beginnt Bettine von Arnim ihre literarische Schaffensperiode 1835 mit der Herausgabe von »Goethes Briefwechsel mit einem Kinde«. Sie wird als Schriftstellerin berühmt und ernstgenommen. Dem Briefroman als ihrer charakteristischen Ausdrucksform bleibt sie treu. Es folgen 1840 »Die Günderode« und 1844 »Clemens Brentanos Frühlingskranz«. Die Originalbriefe bilden die Grundlage der Veröffentlichungen, werden von Bettine jedoch umgestellt, überarbeitet und ergänzt, um die eigenen Gedankengänge und Lebensauffassung im Rückblick, oft auch unter indirekter Bezugnahme auf aktuelle Ereignisse, klarer darzustellen. Die Briefe werden zu literarischen Dokumenten, Kunstwerken, deren Bedeutung über die persönliche Bindung an die Korrespondenzpartner hinausgeht. Nicht der Austausch alltäglicher Nachrichten oder die geistige Auseinandersetzung stehen im Vordergrund, sondern Bekenntnisse von Stimmungen, Phantasien und Träumen, lange Monologe, die äußerlich oft Tagebuchform annehmen.

Hier zeigt sich Bettine von Arnim der Philosophie der Romantik eng verbunden. Zentrale Schlagworte der romantischen Welt- und Naturauffassung durchziehen ihr Werk gleich einem roten Faden. Die schöpferische Freiheit des Ich repräsentiert das Unendliche, Göttliche – Seele und Geist. In der Kunst stehen nicht länger ideale Schönheit und Harmonie im Vordergrund wie in der Klassik, sondern die antirationale, unmittelbare Begegnung mit dem göttlichen Genius, der eigenen Schaffenskraft.

Ihren Stil kennzeichnet Humor und Ironie als Zeichen einer überschäumenden Daseinsfreude, aber auch tiefe Nachdenklichkeit und Stille, Ausdruck eines von tragischen Ereignissen – 1835 ertrinkt der Sohn Kühnemund – überschatteten Lebens.

1848 erscheint der Briefroman »Ilius Pamphilius und die Ambrosia«, mit welchem die alternde Bettine noch einmal Anschluß an die Gedankenwelt der Jugend sucht, indem sie als »geistige Führerin« die Studenten Philip Nathusius und Julius Döring durch ihre Briefe aufzurütteln sucht, dem Gesetz des eigenen Inneren, nicht jedoch gesellschaftlicher Lebensart zu folgen, bürgerliche Bindungen als Fesseln abzulegen. Die ständige Auseinandersetzung mit dem eigenen Ich als Herausforderung des Intellekts kennzeichnet die Persönlichkeit Bettine von Arnims. Im Dialog mit wechselnden Briefpartnern hinterfragt sie das eigene Verhalten, die Umwelt, Mitmenschen – und mißt diese an den eigenen hohen moralischen und ethischen Ansprüchen. Die Briefe der Freunde regen zur Selbstreflexion an, ermöglichen ein Eindringen und Verstehen der eigenen Vergangenheit.

Selbstverständlicher Teil Bettine von Arnims Leben ist das soziale Engagement, von der Pflege der Opfer der Berliner Choleraepidemie von 1831 bis hin zur geplanten Herausgabe des »Armenbuches«, einer Sammlung von Daten und Fakten zur Lage der schlesischen Armenbevölkerung. Bettine von Arnim erkennt die realen Ausmaße der proletarischen Verelendung. Die karitative Wohltätigkeit weicht allmählich dem politischen Bewußtsein. Sympathie für die Tiroler Aufständischen unter Andreas Hofer im 4. Napoleonischen Krieg 1809 und in den vierziger Jahren für das Nationalstreben polnischer Freiheitskämpfer, der Einsatz für die Freunde Jakob und Wilhelm Grimm nach deren Entlassung und Landesverweis aus dem Königreich Hannover 1837, mündet in der Parteinahme für verfolgte Demokraten der 1848er Revolution: Petitionen für die Freilassung Gottfried Kinkels richtet sie an den preußischen König Friedrich Wilhelm IV., mit dem sie in Briefwechsel steht. Bettine ist jedoch keine Revolutionärin, sondern sieht ihre Hoffnung lange in Reformen durch ein vom Volk getragenes »Volkskönigstum«. Mit ihren literarischen Mitteln sucht sie Gehör beim Kronprinzen (Dies Buch gehört dem König, 1843; Gespräche mit Dämonen, 1852), welcher sich jedoch nach seiner Thronbesteigung als Enttäuschung erweist. »Gespräche mit Dämonen«, während der Restaurationszeit erschienen, schildert das Zwiegespräch zwischen dem »schlafenden König« und seinem »Dämon«, als welchen sich Bettine versteht.

Die Literaten des Jungen Deutschland, die wie Heinrich Heine in der Emigration schreiben, hegen Bewunderung für die »Vorrednerin« Bettine von Arnim, die in ihrem Freiheitsbedürfnis die Welt gestalten und verändern möchte. So setzt sie sich ein für Geistes- und Redefreiheit, Judenreform, Religionsfreiheit, Völkervereinigung und eine Sozialreform.

Ein kämpferischer Intellekt, ihr Freiheitsstreben und die politischen Aktivitäten machen Bettine zur Vertreterin einer humaneren Gesellschaft. Sie führt einen beherzten Kampf gegen die Schranken der traditionellen Frauenrolle. Keine »emanzipierte« Frau im heutigen Sinn – Äußerungen zur Frauenfrage tauchen in ihren Schriften nicht auf –, bewahrt sie sich dennoch eine innere Freiheit, die immer wieder auf Kritik und Unverständnis der Zeitgenossen stößt. So stellen die nicht selten einander widersprechenden Äußerungen eine Frau von ungewöhnlicher Schaffenskraft und Vitalität vor, deren sprachliche Intensität auch den heutigen Leser tief berührt.

Im Januar 1859 verstirbt Bettine von Arnim nach langer Krankheit in Berlin.

»Ich selber zu bleiben, das sei meines Lebens Gewinn«

Über die Suche nach dem Selbst

An Goethes Mutter

Warum ist denn der Ton einer einsamen Hausflöte, die so vor sich hinbläst, so melancholisch langweilig, daß einem das Herz zerspringen möcht vor Grimm, daß man nicht weiß, wo aus noch ein; ach wie gern möcht man da das Erdenkleid abstreifen und hochfliegen weit in die Lüfte; ja, so eine Schwalbe in den Lüften, die mit ihren Flügeln wie mit einem scharfen Bogen den Äther durchschneidet, die hebt sich weit über die Sklavenkette der Gedanken, ins Unendliche, das der Gedanke nicht faßt.

An Goethe

Selig sein ist frei sein; ein freies, selbständiges Leben haben, dessen Höhe und Göttlichkeit nicht abhängt von seiner Gestaltung; das in sich göttlich ist, weil nur reiner Entfaltungstrieb in ihm ist; ewiges Blühen ans Licht und sonst nichts.

An Goethe (Tagebuch)

Ich sah in die Ferne, im Herzen sah ich nach Dir und erkannte Dich. Etwas sich aneignen, etwas besitzen, dazu gehört eine große Kraft; etwas besitzen, wenn auch nur Minuten lang, erzeugt

Wunder; was Du besitzest im Geist, das erkennst Du, was Du erkennst, das nimmt Dich ein, was Dich einnimmt, das erschließt Dir eine neue Welt.

An Karoline von Günderode

Ich möcht dem Clemens alles zulieb tun, was er will, aber ich hab einmal keine Gedanken; andre Leute waren schon vor mir da, ich bin zuletzt gekommen, also was ich auch vorbringen könnt, so haben's andre schon früher erlebt; ich ging einmal mit dem Clemens dies Frühjahr spazieren, da waren allerlei neu aufgeblühte Kräuter, die ich nicht kannte, die wollt ich brechen; er sagte: »Wenn du bei jedem Mauseöhrchen oder Vergißmeinnicht hocken bleibst, so werden wir nicht weit kommen.« Daran denke ich jetzt immer, wenn ich was Neues in mir selber erfahr, daß andre dies alles wohl schon wissen und nichts Neues mehr für sie sein mag, wie jene Violen und Gänseblümchen am Weg, dic ich mir sammeln wollte. So schreib ich's denn nicht auf, und auch weil die Gedanken sich an mich hängen wie Schmetterlinge an die Blumen, wer soll sie haschen? – Sie merken's gleich und fliegen davon, und fasse ich einen, so hab ich bald seine schöne Farbe abgewischt mit dem Schreibefinger oder seine Flügel erlahmen. Und so ein Gedanke in der Luft flattert so lustig, aber auf dem Papier kann er sich nicht wiegen wie auf der Blume; und kann sich nicht auf die Rosen setzen von einer zur andern, er sitzt da wie angespießt. Ich seh's ja an denen paar, die ich so erwischt und aufgeschrieben hab.

An Clemens Brentano
Ich will in die Wolken schauen und in den Mond, von dem eben der Tag Abschied nimmt, und ich will solang hineinsehen, bis ich eine andre Welt entdecke, und wenn ich sie gefunden hab, dann soll keine Träne mehr neidisch mir den Glanz verdunklen, in dem meine Seele ihre Farben spiegelt!

An Clemens Brentano
Aber meine Seele ist eine leidenschaftliche Tänzerin, sie springt herum nach einer innern Tanzmusik, die nur ich höre und die andern nicht. Alle schreien, ich soll ruhig werden, und Du auch, aber vor Tanzlust hört meine Seele nicht auf Euch, und wenn der Tanz aus wär, dann wär's aus mit mir. Und was hab ich denn

von allen, die sich witzig genug meinen, mich zu lenken und zu zügeln? Sie reden von Dingen, die meine Seele nicht achtet, sie reden in den Wind. Das gelob ich vor Dir, daß ich nicht mich will züglen lassen, ich will auf das Etwas vertrauen, was so jubelt in mir, denn am End ist's nichts anders als das Gefühl der Eigenmacht, man nennt das eine schlechte Seite, die Eigenmacht. Es ist ja aber auch Eigenmacht, daß man lebt!

An Clemens Brentano

Welches Menschenschicksal auch über mich komme, das ist mir so jetzt ganz nicht von Gewicht, aber mich durchreißen, Ich selber zu bleiben, das sei meines Lebens Gewinn, und sonst gar nichts will ich von allen irdischen Glücksgütern.

An Clemens Brentano

Du hast mir oft gesagt, ich solle meine Erinnerungen aufschreiben aus der Klosterzeit, über die ich nun schon mehr als drei Jahre hinaus bin. Es ist alles noch lebendig in mir, ich kann aber nicht die Blütenäste vom Baum abbrechen, der ich selbst bin. Dies Klosterleben hat Knospen in mir angesetzt, Ahnungen, die zur Wahrheit müssen reifen. Denn der Baum kann nicht selber sich berauben seiner Düfte, die noch verschlossen sind. – Denn alles ist mir ja nicht ein Gegenstand, ich bin es selber.

An Clemens Brentano
Was mich selber bilden soll, das muß aus mir auch hervorgehen, drum möchte ich aller Teilnahme ausweichen und allein mit mir fertig werden. Es kommt mir wie Frevel vor, daß ich mich einer Leitung hingebe, die vielleicht das Ursprüngliche in mir verleitet.

An Clemens Brentano
Wer selbst ist, der muß die Welt bewegen, das will ich.

An Clemens Brentano
Ich möchte Dir alles vertrauen, was mir im Herzen liegt, aber es liegt so viel drin, was ich selbst nicht erkenne.

An Clemens Brentano

Das Schöne hab ich liebgewonnen, ich nahm es an, wenn man mir es schenkte, um gleich es wieder zu verschenken. Nur in der Freiheit, in dem Fürsichbestehen gefällt mir das Leben; und ich werde nie etwas an mich reißen. Ich werde mich hinneigen, aber ich werde mich nicht gefangen geben.

An Nathusius

Seltsam Lebensspiel, das vom ersten Beginn meiner Jugend an mich zum heimlichsten Verbergen meiner Natur bewog; niemand kannte mich, ich aber war mir meiner deutlich bewußt. – Niemals hat einer seinem Ich so zugesehen wie ich; bald schaute ich hinauf zu meiner höheren Natur und freute mich ihrer fessellosen Energie, bald war ich größer als ich selber und zürnte, daß ich nicht höher stieg.

Brief an Arnim

Ich hab ein Herz für die Schwalben, jetzt wo diese hier wegziehen, will ich auch weg. Freunde und Brüder könnte ich verlassen, nur um wie diese weiter zu ziehen über Berg und Tal wie die Wolken, ohne andern Plan als immer weiter; oft wird diese Sehnsucht so heftig stark in mir, daß ich sie keinem Schmerz, keiner Qual vergleichen kann, daß es mich recht verzehrt, daß ich nichts achten würde, um mich zu befriedigen, und warum tue ich es denn nicht?

Brief an Arnim

Jede Kraft geht zwar aus sich selbst hervor, aber das Selbst muß von der weiten, breiten Natur und Weltgeschichte angeregt werden, um kräftig sein zu können. Und so kömmt es, daß, wenn hundertmal der Bogen auch gespannt ist und kein edles Ziel hat, er auch nichts edles trifft; wenn er aber auch ein edles Ziel hat und dasselbe gut visiert und ist nicht tüchtig mit Kraft und Mut gespannt, dann wird der Pfeil menschlicher Schwäche immer vor göttlicher Höhe niedersinken.

Brief an Arnim

Ach ich möchte gar vieles tun und lassen, wenn sich nur alles immer so ineinander fügte. Wem, mein lieber Freund, wem treten die Gedanken, die neugierigen, nicht auf die Türschwelle des Herzens, versäumen das innere Hauswesen und schauen sich nach allen Seiten um Neues um?

Brief an Clemens Brentano

Wo wird der Mensch deutlicher inne, daß er nichts bedarf, als nur da, wo er keine Forderungen machen kann. – Ich hab mir's gesagt: mache keine Forderungen, löse alle Rätsel deines Schicksals so gut du vermagst, gelingt's nicht, so besinne dich, ob's nicht deine Schuld ist und das sei deine Erziehung bis ans End deiner Tage, und bleibe ohne Vorurteil für und gegen jede Erscheinung, und glaube, daß es nur eine einzige menschliche Berührung gibt, die im Geist.

Brief an Kronprinz Friedrich Wilhelm

Ich war in meinem Leben immer zurückhaltend über das, was mich tiefer bewegte, doch überrascht mich zuweilen eine Gewalt nachzudenken und mich auszusprechen; Dinge, scheinbar außer meinem Bereich liegend, aber für die ich glühe, als hinge mein Heil davon ab, halten mich in fortwährender Aufregung.

Brief an Savigny

Ich lasse meistenteils meinen Verstand dahin ziehen, wohin er will, und taumle nachher ganz allein in der sinnlichen Vorstellung der Geschichte herum. Ich weiß nicht, wie das zugeht, mir klopft das Herz oft vor Angst, wenn ich denke, wo doch endlich dieser Verstand Ruhe finden soll, um sich zu entfalten und mit seiner Kraft in mein Wesen hinein zu wirken; ich glaube, ich bin zu zwergleidenschaftlich und dummkindisch und habe noch nicht gelernt, Dinge ordentlich zu betrachten, ohne sie zugleich an den Mund zu führen. Dies mein Naturell tut mir gewaltig leid. Denn was hilft es mir, wenn ich den reizbarsten Sinn für alles Schöne habe, wenn ich die Mängel nicht mit Gelassenheit ertragen und die Vortrefflichkeiten nicht mit Ruhe betrachten kann?

Brief an Arnim
Freilich sollte es der erste Grad von Zutrauen sein, daß man seine Fehler zugestehet dem, der einem wohlwill; und ich wollte, mir gelänge dies, denn es gibt Momente, wo ich sehr hell sehe, daß ich keine Verdienste habe.

Brief an Arnim
So manches ärgerliche Geschäft hat oft Deine ganze Seele in Besitz genommen, und ich weiß ja, wie es geht, man kann gerade die kleinlichsten Dinge am wenigsten loswerden; wenn am

Tage Mist gefahren wird, denkt man am Abend dran, wie er ausgebreitet daliegt, und in der Nacht träumt man, daß man allen Pferdeäpfeln nachgehe, sie in einen Sack sammle, und daß aus ihrem Dünger lauter Feigenbäume wachsen; man wacht mit einer stolzen Empfindung auf, daß man etwas Außerordentliches vollbracht habe.

Brief an Freyberg
Aber frei will ich sein und ganz mein, und was ich gebe, das soll mich nicht binden.

Brief an Freyberg
Vorteil ist mir, wenn ich meinem Willen folgen darf, dem kräftigen Gebot meiner Natur, wenn ich nimmer bezähmen darf, den Genius, der die mutigen Fittige um mein Haupt schlägt; alles andre was sich noch im Leben erringen läßt, ist schnöde.

Brief an Freyberg
Lasse alles gewähren, ein jeder geht seine eigne Bahn, aber ein jeder geht sie um aller willen; das Ende ist das Wunder Gottes, das Ende ist das Le-

ben; wo ein Haus gebaut wird, da gibt Gott Sonne, Mond und Sterne und Himmel über ihm als Zugabe; wie kann daher ein Werk, ein Gedanke, umsonst sein?

»Mein Wille ist die Liebe«

Über die Liebe

An Goethes Mutter

Ich häng mich nicht wie Blei an meinen Schatz, ich bin wie der Mond, der ihm ins Zimmer scheint, wenn die geputzten Leute da sind und die vielen Lichter angezünd't, dann wird er wenig bemerkt, wenn die aber weg sind und das Geräusch ist vorüber, dann hat die Seele um so größere Sehnsucht, sein Licht zu trinken. So wird auch er sich zu mir wenden und meiner gedenken, wenn er allein ist.

An Goethes Mutter

Die Leidenschaft ist ja der einzige Schlüssel zur Welt, durch die lernt der Geist alles kennen und fühlen, wie soll er denn sonst in sie hineinkommen? – Und da fühl ich, daß ich durch die Liebe zu Ihm erst in den Geist geboren bin, daß durch Ihn die Welt sich mir erst aufschließt, da mir die Sonne scheint, und der Tag sich von der Nacht scheidet. Was ich durch diese Liebe nicht lerne, das werde ich nie begreifen.

An Goethe

Du bist mein Schutzaltar, zu Dir werd ich flüchten; diese Liebe, diese mächtige, die zwischen uns waltet, und die Erkenntnis, die mir durch sie wird, und die Offenbarungen, die werden meine Schutzmauern sein; sie werden mich frei machen von denen, die mich richten wollen.

An Goethe
Ich bin ganz sanft geworden durch Dich; am Tage treib ich mich mit Menschen, mit Musik und Büchern herum, und abends, wenn ich müde bin und will schlafen, da rauscht die Flut meiner Liebe mir gewaltsam ins Herz. Da seh ich Bilder, alles, was die Natur Sinnliches bietet, das umgibt Dich und spricht für Dich; auf Höhen erscheinst Du; zwischen Bergwänden in verschlungnen Wegen ereile ich Dich, und Dein Gesicht malt Rätsel, lieblich zu lösen.

An Goethe
Geheimnisse umschweben Liebende, sie hüllen sie in ihre Zauberschleier, aus denen sich schöne Träume entfalten.

An Goethe
Liebe muß eine Meisterschaft erwerben, das Geliebte besitzen wollen, wie es der gemeine Menschenverstand nimmt, ist nicht der ewigen

Liebe würdig und scheitert jeden Augenblick am kleinsten Ereignis. – Das ist meine erste Aufgabe, daß ich mich Dir aneigne, nicht aber Dich besitzen wolle, Du Allbegehrlichster!

An Goethe
Wie ein Löwe möcht ich für Dich fechten, möcht alles verderben und in die Flucht jagen, was nicht wert ist, Dich zu berühren; muß um deinetwillen die ganze Welt verachten, muß ihr um deinetwillen Gnade widerfahren lassen, weil Du sie verherrlichst, und weiß nichts von Dir!

An Goethe
Durch Dich werd ich ins unsterbliche Leben eingehen; der Lebende geht ein durch den Geliebten ins Göttliche, in die Seligkeit. Liebe ist Überströmen in die Seligkeit.

An Goethe
Es ist freilich schön, wie Du sagst, sich in dem Labyrinth geistiger Schätze mit dem Freund zu ergehen; aber darf ich nicht bitten für das Kind, das stumm vor Liebe ist? Denn eigentlich ist dieses geschriebene Geplauder nur eine Nothilfe

– die tiefste Liebe in mir ist stumm: es ist, wie ein Mückchen summt um Deine Ohren im Schlaf, und wenn Du nicht wach werden willst und meiner bewußt sein, dann wird Dich's stechen.

An Goethe
Kein Baum kühlt so mit frischem Laub, kein Brunnen labt so den Durstigen, Sonn und Mondlicht und tausend Sterne leuchten so nicht ins irdische Dunkel, wie Du leuchtest in mein Herz.

An Goethe
Das irdische Leben ist Gefängnis, der Schlüssel zur Freiheit ist Liebe, sie führt aus dem irdischen Leben ins Himmlische.

An Goethe
Die Schönheit erkennen, das ist die wahre Handlung der Liebe.

An Goethe (Tagebuch)
Die Liebe ist ein inniges Ineinandersein; ich bin nicht von Dir getrennt, wenn es wahr ist, daß ich liebe.

An Goethe (Tagebuch)
Erkenne meine Liebe und denke, daß, da die Zeit vorübereilt, sie doch das eine hat, daß im flüchtigen Moment sich eine Ewigkeit erfassen lasse.

An Goethe (Tagebuch)
Der Wind rasselt am Fenster; welche Länder hat er schon durchstreift? Wo kommt er her? Wie schnell hat er die Strecke von Dir zu mir durchflogen? Hat er keinen Atemzug, in seinem Rasen und Toben, keinen Hauch von Dir mit fortgerissen?

An Goethe (Tagebuch)
Meine Gedanken umschwärmen Dich wie die Bienen den blühenden Baum. Sie berühren tausend Blüten und verlassen eine, um die andre zu besuchen, jede ist ihnen neu; so wiederholt sich auch die Liebe, und jede Wiederholung ist ihr neu.

An Goethe (Tagebuch)
An milden Frühlingstagen, wo dünnes Gewölk der jungen Saat den fruchtbringenden Regen

spendet, da ist es so wie jetzt in meiner Brust; mir ahnet, wie dem kaum gewurzelten Keim seine künftige Blüte ahnet, daß Liebe ewige, einzige Zukunft sei.

An Goethe (Tagebuch)
Gerechtigkeit gegen alle beurkundet die wahre Liebe zu dem einen.

An Goethe (Tagebuch)
Wenn Du liebst, dringst Du ans Licht wie der Same, der in der Erde verborgen war.

An Goethe (Tagebuch)
Was ist Wissen, das nicht von der Liebe ausgeht? – Was ist Erfahrung, die sie nicht gibt? – Was ist Bedürfnis, das nicht nach ihr strebt? – Was ist Handeln, das nicht sie übt? – Wenn Du die Hand ausstreckst und hast den Willen nicht, die Liebe zu erreichen, was hast Du da?

Brief an Arnim
Ich hab Musik lieb, sie ist mir wert wie das Leben, sie kann mich erfüllen, so auch die freie Natur, der Sommer draußen, wo keine Men-

schenhände gearbeitet haben, sondern nur Gottes Hand sichtbar ist, so auch Goethe, dem ich wert und erfrischend bin. Keines dieser drei könnte Dich mir ersetzen oder mich trösten, wenn Du mir verloren gingst, Du aber auch nicht über sie; so treu bin ich und will ich ewig sein. Ihr steht wie Säulen aufrecht in meinem Herzen; wenn eine sinkt, stürzt der ganze Tempel ein und zerschmettert mich: was willst Du nun mehr, wenn ich Dir sag, daß an Dich, Pfeiler! mein Altar erbaut ist. Geh! glaub's doch, daß ich Dich lieb habe, mehr als von einem menschlichen Herzen erwartet wird.

Brief an Arnim
Du meinst, ich wär am klügsten unter meinen Geschwistern; ich bin gar nicht klug: wenn mich jemand sähe, wie ich Papier küsse, Deine Briefe so recht herzlich, er würd mich unklug nennen, ja total närrisch.

Brief an Arnim
Es mag wahr sein, daß Du mich mehr liebst als ich mich selber, es muß wahr sein; drum hast Du auch mehr Recht auf mich, was denn mein Glück ausmacht, für immer und ewig.

Brief an Arnim

Wer hat die Lieb gerufen? sie kömmt, treibt die alten Regenten aus, keiner widersetzt sich, sie nährt sich von unserm Atem, sie wirft Dinge, die wir als Schätze bewahrten, mit leichtem Sinn zum Tempel hinaus, sie gibt mit einer Großmut, die man Verschwendung nennen möchte, sie treibt Wucher, geizt um einen Deut, hat nie genug, und doch kann die Welt nicht ihren Reichtum umgrenzen, sie fürchtet einen Blick und ist so tapfer, daß sie mit verbundnen Augen neben Abgründen auf steilen Felsen wandelt; was aber das wunderbarste ist, sie macht bei ihrem ungeheuren Reichtum Schulden, die sie nie abtragen kann, sie läßt sich bei ihrer großen Kühnheit binden wie ein Lamm um dieser Schulden willen! Das kann Dir mein Herz beweisen, das an Dir zum Schuldner ist geworden, das sich doch so reich fühlt.

Brief an Arnim

Siehst Du, wie wunderbar die Lieb ist? All ihr Gut schnellt sie wie einen Pfeil durch die Luft und es trifft den, auf welchen es gezielt war, nur mit neuem Leben. Wie gut Du mir bist, ist freilich schwerer; wer kann erzählen, wer kann berechnen, hier, wo kein End ist, gewiß kein End!

Brief an Arnim

Die Ungeduld der Liebe wächst zu schnell, sie kann's nicht abwarten, und wenn sie fühlt, daß der Wert der Umarmung in ihrem Geliebten liegt, so will sie's gar nicht mehr bewiesen haben, zum Teile auch aus Furcht vor ihrer eignen Heftigkeit kann sie diesen Beweisen nicht zuhören, als welche der Liebe die Ketten lösen und sie frei und gewaltig machen. So geht es mir mit Deinen Briefen zuweilen; mitten im Lesen mach ich ihn wieder zu und drück Dich in Gedanken ans Herz und will kein Wort mehr wissen, weil Du mir zu lieb wirst, zu lieb!

Brief an Arnim

Wenn ich jetzt an die Zeiten denke, wo ich tausend Umwege machte, nur um Dir ein Wort zu sagen oder neben Dir zu sitzen, da ich mich scheute Dich anzusehen, da ich mich fürchtete von tausend Dingen zu sprechen, weil ich glaubte, Du könntest es unrecht verstehen – und jetzt darf ich so offenherzig sagen, daß ich Dich lieb hab, daß mein Leben Dein ist. So setzt unser Herrgott einen Damm, damit der Strom der Freude und des Glücks mit um so größerer Kraft sich ergieße, wenn er die Höhe des Dammes überstiegen hat.

Brief an Arnim

Du schriebst mir einmal, es mache Dich ängstlich, wenn meine Briefe sich verzögern; die Liebe, die Du in dieser Ängstlichkeit mir spendest, möcht ich all in Dir aufbewahren, um sie mit der Zeit in Deinen Augen, auf Deinen Lippen, in Deinem Herzen aufgehäuft zu finden. Drum schreib ich nun so oft, daß Du kaum Atem dazwischen holen kannst.

Brief an Arnim

Lieber Arnim, soll denn meine Mutter Erde sich nicht einmal dehnen oder recken, oder mich und Dich auf einen Arm nehmen, daß wir zusammen spielen könnten? Müssen wir uns immer durch Wind und Wetter und Wolken nur von weitem zurufen?

Brief an Arnim

Die Bettine will aber bald, bald wieder bei Dir sein, sonst wird sie alle Stricke zerreißen und alle Hindernisse überklettern und wird doch zu Dir kommen. Denn wahrlich, die Sonne geht unter und wartet nicht; der Mond geht auf, vollendet seinen Weg und sieht sich nicht nach uns um. Warum zögern wir also?

Brief an Arnim

Ich sage Dir fest und bestimmt, daß ich nie mehr Abschied von Dir nehmen will; wenn ich wieder zu Dir komme, so gehe ich nicht mehr weg, also richte Dich danach und sehe mich lieber gar nicht wieder, als ein getrenntes Leben führen, weil – ich ein Mädchen bin. Ich bin's gern, weil es Dir so gefällt; aber sonst würde ich immer lieber ein Knabe sein, um ungehindert und unbekümmert Dir zur Seite stehen zu können, wenn ich's begehre.

Brief an Arnim

Daß das Gemüt hinanstrebt, ist die himmlische Eigenschaft der Liebe; daß es aber wieder abgleitet und nicht seine Bahn verfolgen kann, ist die Irdischkeit des Menschen, seine Schwäche. Wahre Liebe wäre also die, die so üppig anschwillt, daß sie den Damm überströmt und dann ruhig, und dennoch wirksam, sich ein majestätisches Bett wählt, da sie denn ihre Ufer in ihrem klaren Grund bespiegelt und dem Schicksal nicht mehr preisgegeben ist.

Brief an Arnim
Ich aber achte die Liebe als das höchste und einzige im Menschen, die einzige, wahre Himmelsgabe. Wer sie hat, ist herrlicher denn alle, und er ist mächtiger denn alle; was er will, das wird ihm gelingen! Wer kann nun sagen: ich habe die Liebe? Lieber Arnim! Mein Wille ist die Liebe, ich streb nach ihr und ich hab auch den Willen, daß ich ihr alles aufopfern will; aber ich kann nicht von ihr sagen, daß ich so herrlich bin.

Brief an Savigny
Was soll das bedeuten, muß man denn entsagen, wenn man liebt? Das begreife ich nicht. Muß ich auch entsagen, wenn ich liebe? Ich habe keineswegs Lust dazu.

Brief an Savigny
Wenn mich andere Menschen lieb hatten, so war es Bedürfnis oder Eigennutz, und einer solchen Liebe kann keine Ewigkeit zu Teil werden. Meine Liebe war nie so, darum dauert sie auch, an sie allein werde ich mich halten können, und an sie allein weise ich alles, was Ansprüche im Leben an mich macht.

Brief an Ludwig Tieck
Ich kenne die Menschen nicht, ich weiß nicht wieviel sie vertragen von Liebe, ich kann die meinige nicht einteilen, damit sie genießbar wird, entweder alles, oder kein Leben, kein Atemzug, der das Herz erweitert.

Brief an Ludwig Tieck
Ich bin so glücklich, Gott meint es so gut mit mir, er will mich erhöhen, er will mich bessern, durch das größte auf Erden, durch die Liebe, und ich sollte widerstehen wollen? Nein, gewiß nicht, mit allem Leben was in mir ist, will ich mich ihm ergeben, es entstehe daraus was will, mir kann es keinen Schaden bringen.

Brief an Freyberg
Wenn deine Liebe nicht mehr ist, so bist Du nichts, Du bist alles durch diese Liebe, es ist die Gestalt, in welcher Gott Dir erscheint und zu Dir spricht.

»Daß ich in Dir finde, was ich vergebens in anderen suchte«

Über die Freundschaft

An Goethes Mutter
Ich sagte: »Du kannst sicher auf mich bauen, es ist keine Stunde in der Nacht, die, wenn du mir deinen Willen kund tust, mich nur einen Augenblick besinnen machte; – komm vor mein Fenster und pfeif um Mitternacht, und ich geh ohne Vorbereitung mit Dir um die Welt. Und was ich für mich nicht wagte, das wag ich für Dich.«

An Goethe
Ich gelobe es, dasjenige, was von der äußeren Welt unberührt in mir vorgeht, heimlich und gewissenhaft demjenigen darzulegen, der so gern teil an mir nimmt, und dessen allumfassende Kraft den jungen Keimen meiner Brust Fülle befruchtender Nahrung verspricht.

An Karoline von Günderode
Auf der grünen Burg im Graben, im Nachttau, da war es auch schön mit Dir, es sind mir meine liebsten Stunden von meinem ganzen Leben, und so wie ich zurückkomm, so wollen wir noch acht Tage zusammen dort wohnen, da stellen wir unsere Betten dicht nebeneinander und plaudern die ganze Nacht zusammen; und

dann geht der Wind und klappert in dem rappeligen Dach, und dann kommen die Mäuschen und saufen uns das Öl aus der Lampe, und wir beiden Philosophen halten, von diesen Zwischenszenen lieblich unterbrochen, große tiefsinnige Spekulationen, wovon die alte Welt in ihren eingerosteten Angeln kracht, wenn sie sich nicht gar umdreht davon.

An Karoline von Günderode

Ich kann vor niemand sprechen wie vor Dir, ich fühl auch die Lust und das Feuer nicht dazu als nur bei Dir, und was ich Dir auch sag oder wie es herauskommt, so spür ich, daß etwas sich in mir regt, als ob meine Seele wachse, und wenn ich's auch selbst nicht einmal versteh, so bin ich doch gestärkt durch Deine ruhigen klugen Augen, die mich ansehen, erwartend, als verständen sie mich, und als wüßten sie, was noch kommen wird, Du zauberst dadurch Gedanken aus mir, deren ich vorher nicht bewußt war, die mich selbst verwundern.

An Karoline von Günderode

Ich war eine ganze Stunde allein da und hab hinaus auf dem Rhein die Schiffe fahren sehen, da ist mir's doch recht sehnsüchtig geworden, daß ich wieder zu Dir will, und wenn's noch so schön ist, es ist doch traurig ohne Widerhall in der lebendigen Brust, der Mensch ist doch nichts als Begehren sich zu fühlen im andern. Du lieber Gott! Eh ich Dich gesehen hatt, da wußt ich nichts, da hatt ich schon oft gelesen und gehört, Freund und Freundin, und nicht gedacht, daß das ein ganz neu Leben wär, was dacht ich doch vorher von Menschen?

An Karoline von Günderode

O ich hatte Dich im Heimgehen so lieb, ich schlang meine Arme um Dich so fest in Gedanken, ich dacht, ich wollte Dich tragen auf meinen Armen ans Ende der Welt und dort Dich an einen schönen moosreichen Platz niedersetzen, da wollt ich Dir dienen und nichts Dich berühren lassen, was Dir wehtun könne; ja, so war's in meinem kindischen Herzen, mit Gewalt wollt ich Dich fröhlich machen und dachte einen Augenblick, es solle mir gelingen, aber ich weiß wohl, daß mir so was nicht gelingen kann, und daß es nur Verwechslen ist von meinen Sinnen, die wie Kinder Fernes und Nahes nicht unterscheiden können, die auch meinen, sie können den Mond herablangen mit der Hand und können den Spielkamerad damit trösten, wenn er stumm und traurig ist.

Brief an Arnim

Wenn ich an Sie denke, so tut mir's leid, daß ich nicht gleich kann meine Reitstiefel anziehen, mein Pferd besteigen und in vollem Galopp dem lang ersehnten Freund entgegen, ihm dann alles erzählen und jetzt bei einander bleiben, alle Gefahren und Abenteuer geteilt; in der Tat, ich wollt, ich wär Ihr Bruder oder Freund, wir könnten denn innig verbunden recht unabhängig von einander leben.

Brief an Arnim

Was Dir einmal wert war, laß es Dir immer wert bleiben, wenn Du freudige freundliche Erinnerungen hast, laß Dir die Zeit nichts dran verderben oder auch andre Gegenstände nicht; wenn Du einen Kummer hast, so gib Deinem Freund das Recht, ihn mit Dir zu tragen, denn dadurch fühlt er sich erst und wird sein Leben selbst ihm wichtig, so wie der Mutter das ihrige durch ihre Kinder. Ja, Arnim, vergiß mich nie bei irgend etwas, was Dich betrifft; ich sage Dir, bedenke sorgfältig, daß ich und Du Freunde sind, und daß es meinen ganzen Lebenszweck enthält, alles zu erfüllen, was die Freundschaft begehrt.

Brief an Arnim

Es tut gar wohl, an dem Ort, wo man gerne wohnen möchte, nämlich im Herzen des Freundes, sich nach und nach entstehen zu sehen. Wenn es auch im Anfange nur leise Umrisse sind: wenn sie nur edel aufgefaßt sind, dann ist man geborgen und die Zeit, die man belebt, ist geborgen.

Brief an Friedrich Wilhelm IV.

Ja, wenn die Freunde auf gefährlichen Wegen sich befinden, so muß man sich nicht vor ihnen zurückziehen wie fremde und kalte Naturen; und wenn fremde Naturen sich verirren, so muß man ihr Freund werden, um sie zu warnen und womöglich sie zu retten.

Brief an Savigny

Es gibt so wenig Gelegenheit in der Welt, wo man durch Beweise, daß man sich wahrhaft füreinander interessiert, die losen menschlichen Bande der Freundschaft etwas anzieht, und die

Furcht, einem andern eine Bemühung zu verdanken, halte ich für ebenso kleinlich und niedrig als die, sich für andre einer Bemühung unterziehen zu müssen.

Brief an Rosa Maria Assing
Umgang im Geist, dazu sind wenig Menschen geeignet, und doch ist's das Köstlichste; aber Mangel an Nahrung erstickt die Energie dazu, und so kommt's, daß man einsam wird und das Bedürfnis der Teilnahme nicht mehr fühlt.

Brief an Freyberg
Wenn Du traurig bist, so denke nur immer, daß Du noch ein reiches Gut in deines Freundes Herz besitzest, daß wenn Du dunkle Wege gehen mußt, ich mit Freuden mitwandre, daß ich ein Teil Deiner Selbst bin und alles Schicksal mittrage.

Brief an Freyberg
Mir ist unsere Freundschaft, seit sie ist, ein Augenblick, ein Funke nur, der aber Ewigkeit in sich begründet, der aber das Herz bis in den tiefsten Grund erhellet.

Brief an Freyberg

Tausend Menschen wird das nicht, was Uns geworden ist, und wenn ich mein Leben lang kein Glück mehr erkennen soll, so wird mir diese kurze Zeit, die dein Herz in sich faßt, ein reicher Schatz, von dem ich königlich leben will.

Brief an Freyberg

Dir will ich den Tempel meines Herzens einräumen, wo die Freundschaft wohnt. Keiner soll Dir sich nähern in diesem Heiligtum; ich hab Dir's ja schon einmal gesagt, daß ich die Freundschaft ehre, als eine verbindende Gottheit, daß auch ich mich Meister fühle in diesem Himmelsleben, jetzt sag ich Dir's noch einmal, daß mir nichts heiliger ist; daß ich glaub, alles Gute gehe von ihr aus.

Brief an Arnim

Wir stehen jetzt in der Mitte unseres Lebens, der Gedanke, der in den frühesten Jahren mir schon alles Beste zu vereinen schien, ist mir noch immer geblieben, daß man mit Freunden, die einen als ihr Eigentum bewachen und lieben, zusammen leben möge; dagegen verschwinden doch alle andern Pläne von Glückseligkeit.

»Die Welt ist wunderbar«

Über Lebensfreude und Glück

An Goethes Mutter

Ein jedes Betragen hat seine Ursache, das Wasser wird nicht lustig dahin tanzen und singen, wenn sein Bett nicht dazu gemacht ist. So werd ich nicht lachen, wenn nicht eine geheime Lust der Grund dazu ist; ja ich habe Lust im Herzen, aber sie ist so groß, so mächtig, daß sie sich nicht ins Lachen fügen kann, wenn es mich aus dem Bett aufruft vor Tag und ich zwischen den schlafenden Pflanzen bergauf wandle, wenn der Tau meine Füße wäscht und ich denk demütig, daß es der Herr der Welten ist, der meine Füße wäscht, weil er will, ich soll rein sein von Herzen, wie er meine Füße vom Staub reinigt; wenn ich dann auf des Berges Spitze komme und übersehe alle Lande im ersten Strahl der Sonne, dann fühl ich diese mächtige Lust in meiner Brust sich ausdehnen, dann seufz ich auf und hauch die Sonne an zum Dank, daß sie mir in einem Bild erleuchte, was der Reichtum meines Lebens ist, denn was ich sehe, was ich verstehe, es ist alles nur Widerhall meines Glückes.

An Goethe

Mein Freund, ich habe alles, was ich je genossen. Und wo ich auch hingehe – mein Glück ist meine Heimat.

An Karoline von Günderode

Ich bin so vergnügt, wie die Blätter, wenn sie ganz beregnet sind vom Gewitter in der Nacht, und der Himmel wird wieder hell, und sie schlafen dann ruhig ein, weil's Gewitter vorbei ist.

An Clemens Brentano

Wie ich Dir hier noch einmal sage, das Leben flieht die Wüste des Todes, aber dem Tod eine Macht zuschreiben über das Leben, das ist Unsinn. Es ist aber noch ebenso dumm, irgendeine Macht anzuerkennen über uns als nur das Leben selbst, und leg Dir's zurecht wie Du willst, ich kann's nicht weiter ausdrücken, ich kann nur sagen, was auch in der Welt für Polizei der Seele herrscht, ich folg ihr nicht, ich stürze mich als brausender Lebensstrom in die Tiefe, wohin mich's lockt.

An Clemens Brentano

Unter allen frohen Stunden bleibt die mir am lebendigsten, wo Du mich zu Lust am Leben angemahnt. Ich begreif doppelt rasch, ich weiß, wo mir's herkommt, daß ich in den nächsten Lebensmoment schaue als in einen reichen Schatz, der mir wie ein Demant entgegenblitzt und mich begierig macht auf ihn. Der ungehemmte Lebensatem, von dem das volle Herz getragen wird.

Brief an Arnim

Nur der mit Leichtigkeit, mit Freude und Lust die Welt sich zu erhalten weiß, der hält sie fest. Strengt euch nicht zu sehr an, meine Freunde, beißt, klammert euch nicht an, spielt lieber Ball mit ihr, sie ist ja rund, wer sie im Gleichgewicht zu werfen weiß, der fängt sie immer wieder.

Brief an Arnim

Ich glaube, die Welt ist wunderbar, und des Menschen Herz noch wunderbarer, ja wie von Wolken bilden sich oft tausend verschiedne Gestalten von demselben Stoff in uns, jetzt ist es ein Meer im Sturm, dann gleich ein angenehmer Wald, nun ein feuerspeiender Berg, dann wieder ein Löwe, ein Tiger oder sonst etwas, und wer kann sagen, wie, was, warum und wann. Oft wenn großer Lärm um einen her ist, so klagt mancher, daß er seine eignen Worte nicht verstehe; wem soll dann das eigne Gemüt vernehmlich werden, wenn er alles Lärmen und Widerklang des Lärmens in sich verspürt.

An Frau Des Bordes geb. Brentano

Wir sind das Geschlecht der Überwinder, unsere Seligkeit besteht darin, den starken Baum der Glückseligkeit zu pflanzen, uns von seinen Früchten zu nähren, unter seinem Schirm gesichert gegen das Unglückdrohende, es zu überwinden und zu vertilgen, ich kann mir denken, daß man Herr könne werden über alles, was uns unglücklich macht.

Brief an ihre Schwester Lulu

Ich bin der Sorgen schon so gewohnt, daß ich mit der größten Sorglosigkeit sie mir auf den Hals rücken lasse. Und obschon ich nicht ganz gleichgültig dagegen bin, daß so viel Zwischenangelegenheiten mir die kurze Spanne Zeit verkürzen, in der so viel wichtige Geschäfte sich mir zusammendrängen, so geht es mir wie auf dem Postwagen den Koffern, wo durch das Holpern und Rütteln, immer noch eine Lücke entsteht, in die manches zu packen ist. Ich nehme auf und schleppe mit, was eben möglich ist.

Brief an Pückler

Der Mensch muß leuchten, seiner eigenen Brust, seinem eigenen Bewußtsein, und das andere ist Zugabe; sei demütig gegen Deinen eigenen Genius, und es wird nicht mehr möglich sein, daß Du gegen ihn frevelst. Und dann, Pückler, tritt bestimmt die heilige Ruhe ein, in der Du der Befähigung Deines Geistes mächtig wirst; in der allein Du glücklich wirst, und Glück allein ist edel, ist himmlisch; und Dich ihm erziehen, ist allein der Zweck Deines Daseins.

Brief an Arnim

Indessen lasse ich mir alle Unbequemlichkeiten gefallen, lebe so lang Gott will, und sterbe zu rechter Zeit, wo es am Ende einerlei ist, wie man sich durchgeplackt hat; viel schwerer ist es, im Getümmel aller verkehrten Lebensanstalten sich selber nicht zu verlieren oder sich nicht hinreißen zu lassen zu allen Verkehrtheiten, wozu ich auch die rechne, daß man mit solchem Eifer für manches leibliche Bedürfnis sorgt, daß man der Seele oder dem Gemüt aufs Maul schlägt, wenn es einmal muckst und auch etwas verlangt, oder sich selbst so abspannt, daß man nichts mehr verlangt, als was der zufällige Tag mit sich bringt, und nicht ein Glied rühren mag nach etwas Freude und Neues-Leben-geben-dürfen.

Brief an Arnim

Ich beklag mich durchaus nicht über mein Los; mit keinem bessren möcht ich tauschen, es wären doch nur scheinbare Vorteile. Du hast mich traurig und entrüstet gesehen über kleine Unannehmlichkeiten; es hat nicht lange gedauert, so hab ich eingesehen, daß es nur drauf ankommt, wie man so etwas nimmt, damit einem ebensoviel Behagen draus erwachse, und ich hab mir's zugemutet, es mag kommen was da will, alles auf die leichte Achsel zu nehmen.

Brief an Arnim

Ich hoffe und wünsche, daß Du Dir Dein Vergnügen nicht mit Sorgen verdirbst, daß Du den schönen Herbst genießt. Diesen Refrain Deiner jugendlichen Begeisterung am Rhein überhüpfe nicht, sondern singe mit und lang halte aus, wer weiß, wann das Lied von neuem anfängt; und esse Trauben, soviel in Dich gehen, und noch einmal lasse Dir sagen und raten, Dich nicht mit Grillen zu plagen, da bleiben, wo es einem zu sein wohlgefällt, ist nach Gottes Willen leben, denn da ist eine innere Stimme, auf die man horcht.

Brief an Freyberg
In mir ist es nicht so wie in andern, wenn die Menschen mich ganz kennten, sie würden tief erschüttert werden, über das Gebilde meines Lebens. Ach lieber Freund; Freude ist nicht allein Glückseligkeit; meine Glückseligkeit ist so tief unter die Felsen begraben, daß ich noch lange arbeiten muß bis ich zu ihr gelange.

Brief an Freyberg
Nimmer will ich Unglück bringen, nimmer soll eine Träne um mich fliessen, die ich nicht selber wieder trocknen wollte, und sollt es mit Aufopferung meines eignen Heils sein.

Brief an Freyberg
Nicht über den Augenblick soll man hinausdenken; aber in jedem einzelnen Moment, soll man alle Kraft zusammennehmen.

Brief an Freyberg
Lebe nach Gefallen, nach Behagen, das ist sicher das Edelste, was Du tun kannst; da wird sich Dein ganzer Mensch am freiesten bewegen, am meisten Stärke gewinnen, singe ein Lied,

jauchze auf, wenn Dir die Lust ankömmt; drücke den ans Herz, der dir wohl gefällt, schäme Dich nicht, zu weinen, wenn es Dich drückt, halt es für keine Schlechtigkeit, wenn Dich Zerstreuung in ernsten Stunden befällt; kurz: Sei Dir selbst ergeben und wohlgemut. Verschmähe nicht die Freuden der Erde, denn sie tauen alle vom Himmel nieder, das Lachen ward geboren wie das Weinen, aus dem unendlichen Segen Gottes; beides hat, und wird, noch viel Gutes erzeugen.

Brief an Freyberg

Ja, wer das Glück erkennt in seiner Gegenwart, den macht es stark alle Bande zu zerbrechen.

Brief an Freyberg

Dein Glück sei das Maß Deiner Güte, Deiner Wirkung. Und jemehr Du davon durchdrungen bist, je höher wächst Dein Glück an, je tiefer geht Dein Geist, je umfassender ist Dein Kreis, je höher Deine Macht, und so ist es wahr, daß das Glück den Menschen zum Gott mache, daß das Glück wachse in der Anerkennung des Glücks, wer das Glück aber anerkennt, ehrt, der zieht es herbei. Du bist auf einem herrlichen Weg.

Brief an Döring

Ich bin manchmal in den Wald gegangen in der Meinung Beeren da zu pflücken, und hab keine einzige gefunden, dann kam ich nach Hause, nicht ermüdet, nicht abgespannt, denn der Eifer des Suchens, die kleinen Versehen wo ich eine Beere zu finden glaubte, das alles hatte mich ergötzt, und ich vermißte nicht, daß im Wald keine Beeren waren.

Brief an Friedrich Wilhelm IV.

Seitdem ich einen Sohn verloren habe, so edel und rein von Fehlern am Leib und voll großer Eigenschaften der Seele und des Geistes, wie es dem Andenken des Vaters meiner Kinder Ehre bringt, seitdem durchfährt mich's, so oft ein schweres Leid Andre betrifft, und ich fühle herzzerreißend mit ihnen, und um dieses traurige Erlebnis zu sühnen möchte ich alles tun, um Andre zu retten; und wenn Euer Majestät je im Leben so tiefes Weh empfunden haben, so werden Sie es auch erfahren haben, daß diese Mitleidsquelle naturgemäß da entspringt, wo unnennbares Weh den Boden dazu tief aufgerissen hat.

»Die Erkenntnis Deiner Seele wird Dich hell machen«

Über Seele und Geist

An Goethe

Indem ich den Blumenstrauß, der nur durch eine Spalte im Fensterladen erleuchtet war, betrachtete, erkannte ich die Schönheit der Farbe, das Übermächtige der Schönheit; die Farbe war selbst ein Geist, der mich anredete wie der Duft und die Form der Blumen; – das erste, was ich durch sie vernahm, war, daß alles in den Naturgebilden durch das Göttliche erzeugt sei, daß Schönheit der göttliche Geist sei im Mutterschoß der Natur erzeugt; daß die Schönheit größer sei wie der Mensch, daß aber die Erkenntnis allein die Schönheit des freien Menschengeistes sei, die höher ist als alle leibliche Schönheit.

An Goethe

Ihre Mutter schrieb wie von mir: daß ich keinen Anspruch an Antworten mache; daß ich keine Zeit rauben wolle, die Ewiges hervorbringen kann; so ist es aber nicht: meine Seele schreit wie ein durstiges Kindchen; alle Zeiten, zukünftige und verflossene, möchte ich in mich trinken, und mein Gewissen würde mir wenig Bedenken machen, wenn die Welt von nun an weniger von Ihnen zu erfahren bekäme und ich mehr. Bedenken Sie indes, daß nur wenig Worte von Ihnen ein größeres Maß von Freude ausfüllen werden, als ich von aller späteren Zeit erwarte.

An Goethe
Die Liebe ist ein flüssig Element, sie löst Seele und Geist in sich auf, und das ist Seligkeit.

An Goethe
Die Mitternacht, die böse Stunde der Geister, weckt mich; ich leg mich im kalten Winterwind ans Fenster; ganz Frankfurt ist tot, der Docht in den Straßenlaternen ist im Verglimmen, die alten rostigen Wetterfahnen greinen mir was vor, und da denk ich: ist das die ewige Leier? – Und da fühl ich, daß dies Leben ein Gefängnis ist, wo ein jeder nur eine kümmerliche Aussicht hat in die Freiheit: das ist die eigne Seele.

An Goethe
Das hast Du mir gelehrt, daß alles, was meinem Geist eine Fessel ist, allein nur drückende Unwissenheit ist; wo ich mich fürchte, wo ich meinen Kräften nicht traue, da bin ich nur unwissend.

An Goethe
Sterben mußt Du nicht, sterben muß nur der, dessen Geist den Ausweg nicht findet. Denken beflügelt den Geist, der beflügelte Geist stirbt nicht, er findet nicht zurück in den Tod.

An Goethe (Tagebuch)
Ich habe bemerkt an den Bäumen, immer ist hinter dem abwelkenden Blatt schon der Keim einer zukünftigen Blüte verborgen; so ist auch das Leben im jungen, frischen, kräftigen Leib die nährende Hülle der Geistesblume; und wie sie welkt und abfällt in der irdischen Zeit, so drängt sich aus ihr hervor der Geist als ewige himmlische Blüte.

An Karoline von Günderode
Jahre vergehen gleich einem tiefen Schlaf, wo wir nicht vorwärts und nicht zurück uns bewegen, und wirkliche Zeitschritte sind nur die, in denen der Geist die Seele befruchtet, in der Zeiten Raum geht das wirkliche Leben aus solchen einzelnen befruchtenden Momenten wie die Blütenperlen dicht aneinander auf.

An Karoline von Günderode

Du zankst, daß ich alles besser wissen will, und ich weiß doch alles besser, und ich kann doch nichts dafür, daß mir's anders und besser einfällt. – Ja mir kömmt vor, als sei mein Bewußtsein ein Gesang meiner Seele, dem ich mit Vergnügen zuhör, denn wenn ich einmal etwas nicht weiß, so ist es nur, als hätt ich's vergessen gehabt, aber ich hatte es doch schon einmal gewußt.

An Karoline von Günderode

Das ist's, alles ist ein Wechselwirken, alles, was lebt, gibt Leben und muß Leben empfangen. – Und glaub nur nicht, daß alle Menschen leben, die sind zwar lebendig, aber sie leben nicht, das fühl ich an mir, ich leb nur, wenn mein Geist mit der Natur in dieser Wechselwirkung steht.

An Karoline von Günderode

Du weißt, wie oft wir uns besannen, warum die Sehnsucht zu fliegen durch jeden Vogel rege werde. Hätten wir Flügel wie die Vögel, so würde diese Sehnsucht nicht wach sein, die jetzt uns bewegt, immer dran zu denken, und so unsern Geist befiedert, mit dem wir einst fliegen werden; denn alles Denken ist doch das im Geist, was das Wachsen und Treiben in der Natur ist.

An Clemens Brentano

Ach, was nützt Erfahrung? Sie verführt nur dazu, daß die Leute mit Eigensinn an dem einmal Festgestellten hängen und durchaus sich nicht zugestehen, daß die Vernunft das Bessere oder das Wahre erfinde. Zu was nützt es denn, einen forschenden Geist zu haben, wenn es nicht wäre, um die Mittel zu einer neuen Schöpfung zu finden, worin dieser Geist, als in einer Ordnung, die von ihm ausgeht, die zugleich ihn trägt und ernährt, das Göttliche schafft.

An Nathusius

Ich will nicht, ich verlange nicht, Du sollst ein großer Dichter werden, nicht: Du sollst Weisheit verbreiten, – ich verlange, Deine Seele soll brennen von göttlichem Feuer, und keine Beengung soll in ihr walten, und Deine Sinne und Dein Geist und Dein Leib, die sollen geistig einander sich verstehen und vollenden, so wie sie auch irdischerweise von Gott gezeugt und von der Natur ineinander geboren sind. – Dann werden die Strahlen jenes Feuers schon die Welt erleuchten, und man wird diesem Licht Deinen Namen geben; aber wenn Du auch namenlos bist auf dieser Welt, so sollst Du dennoch leuchten, denn die Erkenntnis Deiner Seele wird Dich hell machen.

An Nathusius
Das Streben in der Wissenschaft, in der Erkenntnis ist der sinnliche Trieb des Geistes, sich einen höheren Instinkt zu bilden für ein höheres Leben; in wem dieser Trieb nicht lebendig ist, der wird ebensogut absterben, wie der Baum abstirbt, dessen Triebe stocken.

Gespräche mit Dämonen
Wer hülfreich je die Hand geliehen, der kann sie nicht zurückziehen; er muß retten, niemals verderben; denn er weiß, es gibt keine Verdammnis als nur die eigene Ehre. – Alles Handeln, was sie nicht befriedigt, zerreißt die Seele und verwirrt den Geist, der die Urstoffe neuer Welten in sich trägt.

Brief an Pückler
Es gibt keine andere Besserung, als Geist; keine göttliche Freiheit, keinen Himmel, keinen Raum, als nur Geist; Geist ist himmlischer Raum. Je höher der Geist sich entfaltet, je weiter durchdringt er den Himmel.

Brief an Pückler
Gewiß, das was die Sinne reizt, macht auch glücklich, was glücklich macht, ist göttlich, es soll nicht verderben, das ist die Aufgabe, daß das Sinnliche ins Geistige übergehe, aber wer das Sinnliche versinken läßt mit sich, wer sich nicht mit ihm hinüberschwingt in das geistige Reich, das unserer harrt, der versündigt sich an der Befähigung zu seinem Glück.

Brief an Wilhelm Grimm
Grenzen müssen aufgehoben werden; Ihr müßt nicht meinen, Ihr wolltet nicht über die Grenzen. Alles was den gewöhnlichen Lauf der Dinge nicht geht, übersteigt die Grenze, ja der wissenschaftliche Trieb steigt zu einer Apotheose hinan, das geht auch über die Grenze, ja der Geist ist dadurch erst der lebendige, daß er über die Grenze steigt.

Brief an Savigny

Das Schreiben vergeht einem hier, wo den ganzen Tag, das ganze Jahr, das ganze liebe lange Leben nichts vorfällt, weswegen man ein Bein oder einen Arm aufheben möchte. Ich kenne kein Geschäft, was den Kopf mehr angreift als gar nichts tun und nichts erfahren; jeder Gedanke strebt aus der Lage heraus, in der man sich befindet, man fliegt und erhebt sich weit und mit Anstrengung über die Gegenwart und fällt um so tiefer, um so gefährlicher wieder zurück, daß es einem ist, als ob man alle Knochen zerschlagen habe. So geht mir's, die ganze Nacht brenne ich Licht, alle Stunden wache ich auf, ich vergleiche meine Träume mit dem, was ich gedacht hatte, und ich muß nur zu oft wahrnehmen, daß mich die einen wie die andern in die Leerheit meiner täglichen Umgebung hinabziehen. Es macht nichts den Geist schwächer als wenn er in seiner Eigentümlichkeit unaufgefordert bleibt.

Brief an Freyberg

Sei frei, und sei das Göttliche selbst. – Ich rufe Dir tausendmal zu: Sei frei! – Im höchsten Sinne des Wortes, und Du bist alles was Dir als Held gebührt.

Brief an Freyberg

Es ist aber keiner, der da eine Tat tue in der Sklaverei. Es gehört zur Tat, daß der Mensch ein Gedanke wird, in Gott, daß er frei sei wie seine eigne Natur, denn die Schönheit geht einzig aus sich selbst hervor.

Brief an Freyberg

Nur im Traum hab ich bis jetzt noch empfunden was meine Seele vermag, und Gott weiß, ob ich in der Wirklichkeit je durchsetzen würde, was ich in der Einbildung oft unternehme.

Brief an Freyberg

Denn nicht die Tat, sondern der Wille ist das Herrliche in dem Menschen, die Tat kann oft mißlingen, denn was in des Menschen Seele geschieht soll nicht immer im Licht der Welt geschehen. Aber jede Zeit ist dazu gemacht, daß der Mensch groß und herrlich in sich sei, und wie ein Herz in tausend andern lebt, so leben Tausende in diesem einen, ohne daß sie sich äußerlich berühren, und dies eine Herz ist ein solches wie Deines.

»Sittlichkeit und Anstand, das sind zwei dumme Wächter«

Gegen Konvention und bürgerliche Moral

An Goethe

Die Menge ist nicht dazu geeignet, die Wahrheit, sondern nur den Schein zu prüfen; den geheimen Wegen einer tiefen Natur nachzuspüren, das Rätselhafte in ihr aufzulösen ist ihr versagt, sie spricht nur ihre Täuschungen aus, erzeugt hartnäckige Vorurteile gegen bessere Überzeugung und beraubt den Geist der Freiheit, das vom Gewöhnlichen Abweichende in seiner Eigentümlichkeit anzuerkennen.

An Karoline von Günderode

Alles, was ich seh, wie man mit Kindern umgeht, ist Ungerechtigkeit. Nicht Großmut, nicht Wahrhaftigkeit, nicht freier Wille sind die Nahrung ihrer Seele, es liegt ein Sklavendruck auf ihnen. Ach, wenn ein Kind nicht innerlich eine Welt hätte, wo wollt es sich hinretten vor dem Sündenunverstand, der bald den keimenden Wiesenteppich überschwemmt. – Da sagen die Leute, ein Kind darf nicht alles wissen. – Wie dumm! – Was es fassen kann, das darf's auch wissen, für was hätte es die Macht zu begreifen?

An Karoline von Günderode

Aber die Menschen sind über sich selber so dumm, sie glauben in ihrem schmäligen Unrecht noch an ihre eigne Weisheit wie an einen Ölgötzen, dem sie Opfer bringen aller Art, nur die eigne Bosheit erwischen sie nicht bei den Ohren, um sie einmal zu schlachten.

An Karoline von Günderode

Tut der Lehrer den Mund auf, so sehe ich hinein wie in einen unabsehbaren Schlund, der die Mammutsknochen der Vergangenheit ausspeit und allerlei versteinert Zeug, das nicht keimen, nicht blühen mehr will, wo Sonn und Regen nicht lohnt. – Indes brennt mir der Boden unter den Füßen um die Gegenwart, um die ich mich bewerben möcht, ohne mich grad erst der Vergangenheit auf den Amboß zu legen und da plattschlagen zu lassen.

An Karoline von Günderode

Mir deucht, mit den fünf Sinnen, die uns Gott gegeben hat, könnten wir alles erreichen, ohne dem Witz durch Bildung zu nahe zu kommen. Gebildete Menschen sind die witzloseste Erscheinung unter der Sonne. Echte Bildung geht hervor aus Übung der Kräfte, die in uns liegen, nicht wahr? – Ach, könnt ich doch alle Ketten sprengen, die uns daran hindern, jeder innern Forderung Genüge zu leisten; – denn dadurch allein würden die Sinne in ihre volle Blüte aufbrechen.

An Karoline von Günderode

Alles, was man lernen muß, hüllt den Verstand in eine Nebelkappe, daß die Wahrheit uns nicht einleuchte. Alles, was wir zu tun bewogen sind, ist Eselei. – Meinungen von geistreichen Männern zu hören, was der Großmama ihre Passion ist, das scheint mir leeres Stroh, liebe Großmama.

An Karoline von Günderode

Alle Menschen erleiden dieselbe Berührung von der Natur, sie wissen's nur nicht, ich bin grade wie sie, nur der Unterschied ist, daß ich bewußt bin; denn ich hab das Herz gehabt, dringend und mit leidenschaftlicher Liebe zu fragen, andre Menschen lesen's wohl als poetische Fabel, daß die Natur um Erlösung bitte, andre Menschen empfinden wohl eine Unheimlichkeit, wenn sie so in der lautlosen stillen Natur dastehen, es bedrängt ihr Herz, sie wissen weder den Geist zu wecken in sich, noch zu bezwingen, da gehen sie ihr fühllos aus dem Weg, ihr Inneres sagt ihnen wohl, hier geht was vor, du solltest dich dem hingeben, dann überkommt sie eine Angst, und sie ziehen sich wieder ins Gewohnheitsleben, wo eine Mahlzeit die andere verabschiedet, bis der Schlaf obendrauf sich einstellt, und dann ist der Tag und die Nacht herum; und dafür hätte man gelebt?

An Karoline von Günderode

Alles kann ich ertragen, nur nicht das Brausen der Menschenreden, die kein Feuer, keinen Zweck haben und immer in der Luft herumgreifen und nichts fragen und nichts anregen; besser wär's, schweigen.

An Karoline von Günderode

Hör! Wenn ich eine schwierige Aufgabe im Leben hätte, ich würde nicht zu erfahrnen Weltleuten gehen, die zu fragen, nicht zu solchen, die es verstehen mit dem irdischen Leben einen Handel abzuschließen, nicht zu denen, die das Recht der Welt handhaben, ich würde die Unmündigen fragen; ich würde denken, die Kinder haben die himmlische Weisheit, zu der wir müssen zurückkommen, wenn wir das Rechte tun wollen, was eigentlich unser Teil am Himmelreich ist.

An Karoline von Günderode

Es tut mir leid, daß auch der mit Blindheit geschlagen ist über mich und von der närrischen Idee besessen, ich lerne, um was zu wissen, um Kenntnis zu sammeln; Gott bewahr, da könnte ich nur innerlichen Raum mit Dingen ausfüllen, die mir im Weg sind, wenn sich ein Reisender viel Besitztum anschafft, so hat er erst die Not, alles unterzubringen, und hat er sich an Überflüssiges gewöhnt, so muß er einen Bagagewagen hinter sich drein fahren haben. Den Mantel umgeschwungen und damit zum Fenster hinaus und alles Gerümpel dahinten gelassen, das ist meine Sinnesart, lernen will ich wie Luft trinken. – Geist einatmen, wodurch ich lebe, den ich aber auch wieder ausatme, und nicht einen Geistballast in mich schlucken, an dem ich ersticken müßt.

An Karoline von Günderode

Der Christian straft mich mit Worten, es sei kein Ernst in mir, und wenn ich wollte nach Italien reisen, so sollt ich Winckelmanns Kunstgeschichte studieren und Italienisch lernen, das hab ich probiert, aber die Kunstgeschicht, wie sollt ich mit der mich abgeben, wenn ich dran denk, daß ich nach Italien reisen sollt. Ei, laß doch alles mit Augen sehen, und wenn ich trunken bin vor Seligkeit, daß dort andre Bäume, andre Blumen und Früchte sind, wenn ein schönerer Himmel über mir wogt, wenn Menschen, Knaben, Jünglinge, die mir verwandter sind im Blut, in der Faulheit, als die kalten deutschen fleißigen Brotstudenten, mir begegnen auf der Straß, mich sanft grüßen, umkehren, mich noch einmal grüßen, feuriger, – ei werd ich da noch das geringste vom Winckelmann, von der alten Geschichte wissen?

An Karoline von Günderode

Erstens: ich soll mir häusliche Tugenden angewöhnen. Zweitens: wo ich einen Mann hernehmen will, wenn ich Hebräisch lern? – So was ekelt einem Mann, schreibt der lieb, gut Engels-Franz, als wie die spartanische Suppe; an einen solchen Herd wird sich keiner niederlassen wollen und eine Schüssel Mathematik, von einem alten Juden assaisonniert, sei auch nicht appetitlich, darauf soll ich mir keine Gäste einladen, und der Generalbaß als Dessert, das sei so gut, wie eingemachter Teufels-Dr... – Das wär eine schöne häusliche Tafel usw. und man spotte meiner allgemein, daß die Lulu eher geheiratet habe, und dann meint er ganz gutherzig, daß, wenn ich ebensoviel häusliche Tugenden geäußert hätte, ich gewiß auch einen Mann bekommen haben würde. – Ich schrieb ihm, er soll nur immer mitspotten, denn es sei jetzt nicht mehr Zeit mich zu ändern; und der ganz Jud sei nur in meine Tagsordnung einrangiert, um mich vor dem Mottenfraß der Häuslichkeit zu bewahren, und ich hätt gemerkt, daß man in einer glücklichen Häuslichkeit Sonntags immer die Dachziegel gegenüber vom Nachbar zähle; was mir so fürchterliche Langeweile mache, daß ich lieber nicht heiraten will.

An Clemens Brentano

Auf meiner Seele klarem Grund die Fischchen herumspielen sehen, das freut Dich? – Nun, so guck! Wie sie da fahren wie der Blitz hin und her, sie prallen ans Ufer der allbekannten todbringenden Langenweile, sie stoßen sich den

Kopf ein; und soll ich keine Leuchte anzünden, zwischen diesem klippigten Grund einen Ausweg zu finden aus der Pfütze – ins Weltenmeer? – Wohin sonst? – Glaub nicht, daß ich im angenehmen häuslichen Kreis mich gefangen gebe, und auch nicht der Bildungsanstalt schöner edler Ideen. Auch nicht Latein kann ich ein Jahr oder ein halb Jahr der Großmama zu gefallen lernen; denn mir kann ich's nicht zuleid tun. Ich habe ja nicht eine Vernunft, der ich folge, ich bin ja ein elektrischer Funke, und ins Latein kann ich nicht hineinfahren, es stößt ab, sagst Du selbst.

An Clemens Brentano

Ich hab zu fechten mit meinen Gedanken, sie fahren gleich auf und wollen immer recht haben.

An Clemens Brentano

»Tue Deine Pflicht mit Ernst – das Leben nehme leicht.« – Seh ich mich um nach meiner Pflicht, so freut mich's recht sehr, daß sie sich aus dem Staub macht vor mir, denn erwischte ich sie, ich würde ihr den Hals herumdrehen! So erpicht bin ich gegen sie. – Nun, ich hoffe, daß ich und meine Pflicht nie zusammenkommen, falls eine sollte auch auf mein Los gekommen sein – ich würde sie mit meinem ernsten Blick schon in Schranken halten, daß sie mir nicht über den Hals käme, ich verstehe keinen Spaß hierüber, meine ganze Natur kommt in Aufregung, und Kräfte machen sich in mir auf die Beine, die alles in Grund und Boden trampeln, was sich mir aufsässig machen will. Also Pflicht, halte dich im Hintergrund, wenn du nicht abgedroschen sein willst. – Meinetwegen geh zum Herrgott und klag, daß du nichts bei mir ausrichten kannst, wenn ich ihm's vorstell, wird er schon Raison annehmen.

An Clemens Brentano

Ich tue meine großen Taten alle im Traum, das Morgenrot scheint mir oft noch hinein, so nah drängt sich ihm das Tagsleben, und ich springe auf meine Füße ganz voll Willenskraft, aber wo soll ich doch das Leben anfassen? – Für einen zu sorgen oder zwei, die mir grade in den Weg kommen, deucht Euch allen Extravaganz! – Ihr verbietet mir mit einem armen Judenmädchen Umgang zu haben; und ich will Umgang haben mit allem, was zugleich mit mir auf dieser Welt lebt. Oder sind dies etwa keine gerechten Ansprüche: daß ich bin und der Hilfe bedarf, die Du geben kannst. – Aber Sittlichkeit und Anstand, das sind zwei dumme Wächter, die dem menschlichen Sein und Willen den Weg verwehren.

An Nathusius

Ich bin immer nackt und bloß durch die Welt gelaufen, und wo andre in Hochzeitskleidern hinbestellt waren, da hatte ich keinen Eingang, weil ich kein hochzeitlich Gewand hatte. So ist denn meine Seele frei von Grundsätzen und Erfahrungslehren und Vorsätzen geblieben. So daß sie der Gott wieder niederschlucken kann ungeschält, wie er sie ausgespien hatte.

Brief an Clemens Brentano

Aber ich bin so wunderlich, ich muß ganz allein sein, ich kann durchaus den Fluß des Umgangs nicht mehr hinanschwimmen, ich will, ich muß allein sein, und nur dann und wann tret ich ans Ufer, um die Ironie, die sich mir in der Kehle gesammelt hat, in diesen Fluß hineinzuspeien, ich kann nicht mehr lügen, ich bin so süß gereift in mir selber, als daß ich die Wahrheit nicht wie die Zuckerkörner der Granate losspringen ließ.

Briefentwurf, nach 1816

Und was ist auch anderes zu erwarten, wir müssen es jedoch eingestehen, daß unsere ganze Wissenschaft auf die Außenseite des Lebens geht, unsere Liebe hat noch nie den Nebel der Geselligkeit durchdrungen, hinter dem sich die Berge und die Täler und die einsamen Schluchten, die in die Tiefe des Herzens führen, verbergen; die Menschen geben einander nichts und berühren einander nicht, als nur mit diesem kalten feuchten Mantel, der sie umhüllt, und sie lachen für sich, und seufzen um ihrer selbst willen, und wo einmal die Wolken sich teilen, sieh da liegt ein unüberwindliches Rätsel.

Brief an Richard Monckton Milnes

Es mag sein, daß es wirklich schwierig ist, etwas zu tun. Aber liegt nicht die größte Schwierigkeit darin, daß man sie scheut? Und was liegt doch daran, daß man sie vermeide! – Ist es nicht Kraftübung, das wahre Lebensglück! Aber, daß man sie aus Menschenliebe überwinde, daß man kein Bedenken hege, wenn die Bitten anklopfen, ihnen die Türe gern zu öffnen, das ist die heilige Verpflichtung und schöne Natur der Menschenliebe!

Brief an Wilhelm Grimm

Die Wahrheit ist nicht ungerecht, sie macht sich jedem fühlbar, wer sie aber dann verleugnet, der verliert sich selbst. Ich bin so allmählich gewahr worden, wie die Leute sich selber mißhandelten mit ihren Lügen, erst hörten sie vernehmlich die Wahrheit, auch in ihrer Brust; und als ihr Schall so himmelrein erklang, da hatten sie nicht Mut, ihrem Ruf zu folgen; ach und sie wehrten sich mit des Teufels Hilfe gegen eine himmlische Kraft; nur jetzt weiß keiner mehr von allen, die so sich wehrten, daß je eine höhere Stimme sie würdigte; ihres Adels sind sie verlustig, und ihre Ahnen zählen sie noch immer.

Brief an Savigny

O Leben, du lumpichte Haut, was tut man nicht, um dir den Teint zu conservieren! Denn was ist die Reputation anders? Die Sonnenstrahlen einer gerechten, herrlichen freien Tat dürfen dich nicht bescheinen; denn die Nachbarin möchte deiner Sommerflecken spotten. Einem großen edlen Zweck darfst du nicht die Hand als Freund bieten; denn man möchte behaupten, daß du eine Liebschaft mit dem schönen Jungen hast und ihn zu heimlicher Zeit liebkosest (ist doch immer besser als faulenzen). Kurz, ich darf halt nicht, aber wenn einmal dahinter gekommen wird, so wird sich's entdekken, daß der, der die außerordentliche große Nasen dreht, der den Leuten den Stuhl unter dem Hintern wegzieht, der der Gelegenheit die drei letzten Haare ausreißt, daß dieser, sage ich: Herr Schein, Herr Reputation, Herr Convenienz heißt.

Brief an Savigny
Das Höchste, was man den Kindern an Liebe geben kann, ist daß man sie so früh als es ihren Fähigkeiten möglich ist, mündig sein lasse, damit sie die Majestät ihrer Unschuld, die Kräfte, ja die Gewalten ihrer Gefühle noch in ihrer Gesamtheit ins praktische Leben hinüberbringen und so allein den veralteten Schlendrian eigennütziger kleinlicher Wege unterdrücken.

Brief an Savigny
Ihr steht still da und duldet die Lüge, die sich wie Nebel ausbreitet über dem Glanz der Wahrheit.

Brief an Savigny

Ich überlese eben, was ich geschrieben, und sehe, daß ich manche Bemerkung hätte ungesagt lassen können und Dir überlassen. Abschreiben mag ich's nicht, halte Du es mir zugut und denke, daß ich es ja doch hinter Deinem Rücken vor jedermann so ausspreche, weil es meine Gesinnung ist, und weil der Drang, das was mir als Wahrheit heilig ist, zu verteidigen, mich dazu hinreißt.

Brief an Savigny

Wie ich nun wage, Dir meine eigne Meinung so rücksichtslos aufzudringen, so muß ich den Grund meiner Entschuldigung darein legen, daß ich so sehr verschieden in meiner Natur bin von andern Menschen. Während ich denke, Dir einen Beweis meiner Ehrfurcht vor Deiner höheren Natur und meines Vertrauens zu Deinem reinen Willen zu geben, der unter der Asche fortglimmt und leicht wieder in Flammen angefacht werden dürfte, hab ich Deiner Ansicht nach vielleicht alle Grenzen der Sittenordnung überschritten. – Während ich glaube, zur eignen tieferen Befestigung meiner Wahrhaftigkeit es nötig zu haben, die Stimme, die mich jeden Augenblick mahnt, geltend zu machen, so mußt

Du Deiner Ansicht nach dies unmittelbare Vertrauen in mein eignes Gefühl als Eigendünkel verwerfen.

Brief an Gunda Savigny

Nur die Kinder kommen ins Himmelreich, aber auch nur die Kinder verständigen sich miteinander, weil es ihnen Bedürfnis ist, gut miteinander zu sein. So machen sie nicht viel Wesen, wer recht behält oder nicht, wenn nur Versöhnung ist.

Brief an Döring

Einbildungen und Hindernisse sind jene Riesen, jene Ungeheuer und tückischen Zwerge, die der Ritter früherer Zeiten mit gefeieten Waffen bekämpfte. Wahrlich, das größte Ungeheuer ist Vorurteil und Aberwitz der Allgemeinheit, dieses hat alle Posten besetzt und läßt den reinen Sinn nicht durch; er muß ersticken, im Dampf von Egoismus und bornierter Furcht, das ganze lebendige Leben ist ausgesperrt durch Etikette, die bald für Tugend, bald für Sitte, bald für Pflicht oder für Notwendigkeit, bald für Schicksal gelten muß.

Brief an Döring

Wann wird die Zeit anbrechen, wo wir dem innern Drang folgend, nicht mehr blödsinnig die geebnete Straße der Philister beschreiten!

Brief an Döring

Drum wer ein einziges Vorurteil in sich überwindet, der ist der wahren Philosophie näher gerückt, als wenn er sich noch so sehr eingehegelt hätte. Was hilft's zu demonstrieren das Ich und das Nichtich, wenn ich nicht Mut habe, wie der Ritter Sankt Martin vom Roß herab, meinen Mantel mit dem Schwert zu teilen und mein entblößtes Ich unter seinem Huf damit zu dekken, und dann mit Anstand, die Tracht des halben Mantels zur Würde zu erheben, Mut und Witz habe? – Was kann mir Weisheit sein, wenn ich sie in Kauf gebe, den Acker meines Nachbarn um den halben Preis zu feilschen? – Wenn ich die Großmut umgehe, da ich nicht einsehe, daß die Rechte, die ich gegen Andre zu wahren gedenke, nur Vorurteile sind, die mir göttliche Weisheit verbergen?

Brief an Döring

Dein Vater ist (wie ich aus Deinem Brief lese) gleich einem guten Gärtner bedacht bei Zeiten Dich einzupflanzen in die Baumschule der Nützlichkeit, und dies wäre grade keine heterogene Art, Dich selber zu entwicklen, denn Widerstand muß sein, sonst schlägt kein Feuer aus dem Geist.

Brief an Döring

Wenn Du mich zum Beispiel einer Eiche vergleichst, die den Stürmen Jahrhunderte trotzt, so beweise ich mich gern als ein Brombeerstrauch, der Dich im Vorübergehen stachelt, oder eine Nessel, die Dich brennt.

Brief an Döring

Wer genießen will und sein Glück abründet, der fühlt sich nicht in der Freiheit, und was wär Freiheit, wenn sie nicht die Losgebundenheit von allem wäre, wonach die Menschheit strebend, die Kräfte aufreibt und den Geist gefangen gibt. Es ist ein anderes, am Ufer sich eine Hütte bauen oder im Strom mit jeder Welle vereint vorwärts steuern, die Weisheitsstimme der Brust nicht übertäuben lassend, von allen lokkenden Versuchungen irdischen Vorteils.

»Meine Sehnsucht, mein Gefühl sind Melodien, die sich ein Lied suchen«

Über Poesie, Kunst und Musik

An Goethes Mutter

Alles große Edle muß einen Grund haben, warum es edel ist: wenn dieser Grund rein ohne Vorurteil, ohne Pfuscherei von Nebendingen und Absichten, die einzige Basis des Kunstwerks ist: das ist der reine Stil. Das Kunstwerk muß grade nur das ausdrücken, was die Seele erhebt und edel ergötzt und nicht mehr.

An Goethes Mutter

Die Kunst ist ein so schönes Spielwerk, um den unruhigen, ewig begehrenden Menschengeist auf sich selbst zurückzuführen, um ihn denken zu lehren und sehen; um Geschicklichkeit zu erwerben, die seine Kräfte weckt und steigert. Er soll lernen, ganz der Unschuld solcher Erfindung sich hingeben und vertrauen auf die Lust und das Spiel der Phantasie, die ihn zum Höchsten auszubilden und zu reifen vermag.

An Goethes Mutter

Gewiß liegen in der Kunst große Geheimnisse höherer Entwicklung verborgen; ja ich glaub sogar, daß alle Neigungen, von denen die Philister sagen, daß sie keinen nützlichen Zweck haben, zu jenen mystischen gehören, die den Keim zu großen, in diesem Leben noch unverständlichen Eigenschaften in unsre Seele legen; welche dann im nächsten Leben als ein höherer Instinkt aus uns hervorbrechen, der einem geistigeren Element angemessen ist.

An Goethe

O Goethe! – Meine Sehnsucht, mein Gefühl sind Melodien, die sich ein Lied suchen, dem sie sich anschmiegen möchten. Darf ich mich anschmiegen? – Dann sollen diese Melodien so hoch steigen, daß sie Ihre Lieder begleiten können.

An Goethe

Talent überzeugt, aber Genie überzeugt nicht; dem, dem es sich mitteilt, gibt es die Ahnung vom Ungemessenen, Unendlichen, während Talent eine genaue Grenze absteckt und so, weil es begriffen ist, auch behauptet wird.

An Goethe

Gedanken machen mir Schmerzen, und so zaghaft bin ich, daß ich ihnen ausweiche, und alles, was in der Welt vorgeht, das Geschick der Menschen und die tragische Auflösung macht mir einen musikalischen Eindruck.

An Goethe
Offenbarung des Geistes in den Sinnen ist die Kunst.

An Goethe (Tagebuch)
Die Kunst ist der Spiegel der innersten Seele, ihr Bild ist es, wie sie aus Gott hervorging, was die Kunst Dir spiegelt.

An Goethe (Tagebuch)
Meine leidenschaftlichen Stimmungen sind ohne Ansprüche, sie sind wie Musik, auch die verlangt keinen irdischen Besitz, aber sie stimmt den Geist, der ihr Gehör gibt, zum Mitgefühl, zur Nachempfindung, ja kling's in Deinen Ohren, in Deinem Herzen noch eine Weile nach, alles, was ich Dir sagen durfte.

An Karoline von Günderode
Allerlei geht mir im Kopf herum, aber wenn ich schreiben will, ist die Luft leer von Gedanken, und die meisten Worte sind überflüssig, ich

muß sie wieder wegstreichen wie hier im Brief. Bei Musik bin ich gesammelt, die Gedanken fahren nicht herum, sie sind still und schauen innerlich Ding, was mich vergnügt. Die Seel wächst, die Knosp springt auf und saugt Mondlicht.

An Karoline von Günderode

Musik bringt alles in Einklang, sie donnert durch die hellsternige Nacht ihren gewaltigen Strom, dann tanzt sie hin und grüßt mit jeder Well die Blum, die da heimlich blüht am Ufer. Wenn dann die Wolken vom Windsturm daher gejagt kommen, dann werden sie als gleich, als von ihrem Hauch bezaubert; der Regen rollt Perlen unter ihren tanzenden Schritt, beim leuchtenden Blitz vom Donner durch die schwarze Nacht geschnellt, die er mit schallenden Schwingen durchrast, das ist alles ein Hymnus mit der Musik – nichts widerspricht, noch stört's das stille Brüten der Sinne.

An Karoline von Günderode

Musik – in Tönen daher getragen durch die Lüfte, die ganze Gewalt der Offenbarung über uns ausströmend und dann verschwebend –

wer kann sie wieder wecken, wenn sie verhallt ist; ich bin so närrisch, mir deucht, ich müßt verzweifeln, daß sie verklungen ist und hab ihr nichts abgewinnen können. So wird's noch manchmal gehen, es wird klingen und ich werd's nicht fassen.

An Nathusius

Wer mit Feiergewanden und Lorbeer gekrönt der Bewundrung der Menge ausgestellt werden soll, darf derselben nicht unwürdig sein, sonst erntet er Spott für Preis. Die Dichtung ist ein solches Feiergewand, sie stellt den Gedanken auf den Altar zum Anbeten.

An Nathusius

Der wahre Dichter ist nicht der Lieder ausströmende, vielleicht eher der, der keine Worte findet, und schweigt, bis in wenig Lauten er alles auszudrücken wagt.

An Nathusius

Das edle Benehmen mit den Menschen ist, was der edle Stil beim Schreiben; frei von aller Manier, frei und unschwankend die Gedanken darstellen, ist guter Stil, sich den Gedanken bequem anschmiegen, nicht sie meistern, das ist Grazie, die Anmut muß aus der innersten Seele hervorstrahlen, und diese verbreitet sich auch über die äußere Erscheinung, sobald man sich ihr ergibt und nicht allenfalls Manier entgegenstellt.

Gespräche mit Dämonen
Musik geht nicht allein aus Geist und Gemüt hervor, weit mehr noch befruchtet sie die Sinne und befähigt sie zu dem, was der Geist noch nicht faßt. – Sie ist die Wiedergeburt für die geistige Natur.

Brief an Arnim
In der Dichtkunst zeigt sich die Liebe als strenger, gerechter Herrscher; was sich ihr nicht ergibt, geht tot und verschlossen ins Grab. In heiligen Flammen des Enthusiasmus muß alles brennen, was durch die Pforten der Lippen ins Leben will ausgehen. Ja, was der Dichter faßt, sei's Entsetzen oder Seligkeit, er kann es nur im tiefsten Geheimnis der Liebe fassen, sonst werden seine Kinder kein Ebenmaß der Schönheit, sondern Mißgeburten. In der Musik aber ist je-

der Ton die Liebe selber, und sie lehrt in unergründlicher Weisheit, wie sie sich in sich, mit sich selber verbinden könne, und wie sie ewig sei; denn nicht in die Zukunft und Vergangenheit allein ist sie unendlich, aber im Augenblick hat sie alle Ewigkeit zusammengefaßt. Ein Ton hat alle Schönheit, alle Kraft, denn er ist das Leben ohne Gewand, ohne Leib. Sein Geist, der die Liebe ist, bildet in uns seine Gestalt, die die Gestalt aller Schönheit ist, und es läßt sich nicht sagen, wie alle Werke der Liebe sich in der Musik erschaffen, und hier läßt Gott uns seine Seligkeit schmecken, weil diese Schöpfung mit zarter Wohllust unsere Glieder berührt, wenn sie ins Leben ausgeht.

Brief an Arnim

Die rechten Dichter sind geistigerweise, was die Kron- und Erbfürsten irdischerweise sind und repräsentieren. Sie sind nämlich als das geboren, was sie der Welt einst werden sollen, verzweifeln sie aber an ihrer inneren Macht, so legen sie die Krone nieder, noch ehe sie ihnen öffentlich verliehen ist, – ja sie müssen gleich den irdischen ihre Stimme zu erheben wissen, wo man sie nicht hören will.

»Gott ist die Leidenschaft«

Über Religion

An Goethes Mutter
Ich seh lieber die Lämmer auf dem Kirchhof weiden als die Menschen in der Kirch; und die Lilien auf dem Feld, die, ohne zu spinnen, doch vom Tau genährt sind, – als die langen Prozessionen drüber stolpern und sie im schönsten Flor zertreten.

An Goethes Mutter
Es soll mir keiner sagen, daß reiner Genuß nicht Gebet ist. Aber in der Kirche ist's mir noch nimmer gelungen, da hab ich geseufzt vor schwerer Langenweile, die Predigt war wie Blei auf meinen Augenlidern. O je, wie war mir leicht, wenn ich aus der Klosterkirche in den schönen Garten springen konnte, da war mir der geringste Sonnenstrahl eine bessre Erleuchtung als die ganze Kirchengeschichte.

An Goethe
Die Seele ist zum Gottesdienst geboren, daß ein Geist in dem andern entbrenne, sich in ihm fühle und verstehen lerne, das ist mir Gottesdienst – je inniger: je reiner und lebendiger.

An Goethe
Wir glauben an Gott und an Christus, daß er Gott war, der sich ans Kreuz schlagen ließ; wir singen ihm Litaneien und schwenken ihm den Weihrauch; wir versprechen heilig zu werden und beten, und empfinden's nicht. Wenn wir aber sehen, wie die Natur spielt und in diesem Spiel eine Sprache der Weisheit kindlich ausdrückt; wenn sie auf Blumenblätter Seufzer malt, ein O und Ach, wenn die kleinen Käfer das Kreuz auf ihren Flügeldecken gemalt haben und diese kleine Pflanze eben, so unscheinbar, eine mit Sorgfalt gehegte künstliche Dornenkrone trägt; wenn wir Raupen und Schmetterlinge mit dem Geheimnis der Dreifaltigkeit bezeichnet sehen, dann schaudert uns, und wir fühlen, die Gottheit selber nimmt ewigen Anteil an diesen Geheimnissen; dann glaub ich immer, daß Religion alles erzeugt hat, ja daß sie selber der sinnliche Trieb zum Leben in jedem Gewächs und jedem Tier ist. Die Schönheit erkennen in allem Geschaffenen, und sich ihrer freuen, das ist Weisheit und fromm.

An Goethe (Tagebuch)
Ich nenne Religion das, was den Geist auf der Lebensstufe des Augenblicks ergreift und im

Gedeihen weiter bildet wie die Sonne Blüten und Früchte.

An Karoline von Günderode

Ich mag gar von Religion und von Christentum nichts mehr hören, sie sind Christen geworden, um die Lehre Christi zu verfälschen. – Brocken hinwerfen und den nackten Leib decken, das nennt man Werke der Barmherzigkeit – aber Christus in die Wüste folgen und seine Weisheit lernen, das weiß keiner anzufangen.

An Karoline von Günderode

Sobald der reine Wille in uns liegt, das Göttliche zu suchen, so ist die Religion da, von der ich meine, daß sie den Menschen allein entwicklen könne, denn ohne sein Zutun ist es der ihn erfüllende Gott, der aus ihm redet, und dies eine ist es allein, was mir Religion deucht; und wie aus einem edlen Samen alles sich bildet, wie es organisch muß, so bin ich gewiß, daß aus einem Geist, der bloß das Göttliche denkt um sein selbstwillen, auch alles folgerecht sich entwikkelt und in der menschlichen Handlung nichts mir ein Anstoß sein würde.

An Nathusius

Ich will Dir nur eine Frage hier tun, wenn ich Christus umtaufte, wenn ich ihn ablöste von dem Wort Christentum, würdest Du Dich fürchten, weiter mit mir zu schreiten, und doch hat dies Wort Christentum alle Schmach menschlicher Tücke in sich verborgen, und täglich ist es noch eine Herberge der größten Verkehrtheiten. Und wenn wir einen Tempel hätten, der keinen Namen trüge, und man lehrte drinnen: »Sei gut, wie Christus war«, und es könnte keiner über die Schwelle schreiten, der nicht alle Religionspartei abgelegt habe, selbst gegen Juden und Heiden, glaubst Du, daß Christus diesen Tempel nicht bewohne?

Gespräche mit Dämonen

Die christliche Kirche ist die Herberge, die ihn im Schilde führt, aber nicht von ihm bewohnt wird. Der Welterlöser konnte wohl alle Marter der Menschheit zulieb ertragen wollen, aber nicht die Langeweile der Tugendheuchelei, die des Teufels Ruhebank ist mitten in der Kirche, auf der die Frömmler und Schriftgelehrten heute noch sitzen wie damals und deuteln am Buchstaben, von dem er uns zu erlösen doch gekommen war. Wie sollte er nun unter ihnen sitzen und sich gefallen, von ihrer Doppelzüngigkeit seine Weisheit unnütz machen zu hören!

Gespräche mit Dämonen
Und alles Streben nach Gottheit ist Sympathie für alle Religionen, die einander berühren, wie im Winde die schwankenden Bäume des Waldes einander stützen mit ihren Ästen und mit ihrem Laub ineinander flüstern und mit ihren Wipfeln sich neigen gegeneinander.

Brief an Clemens Brentano
Ich muß sagen, es ist eine teuflische Kunst, die die Frommen unter sich zünftig gemacht haben, alles Echte ins Gleisnerische zu übersetzen. Bei hellem Mairegen, der die Blumen erschließt und die Triften fruchtbar macht, da jammern sie über den Schwefelregen von Sodom und Gomorrha.

Brief an Kronprinz Karl von Württemberg
Aber ohne Freiheit blüht kein Geist, und was nützt es, die goldne Regeln der Lebensweisheit als christliches Aushängeschild vorne auf der Brust zu tragen, wenn es innen aussieht wie in einer Spitzbuben-Herberge.

Brief an Pückler
Das Christentum erscheint unter jeglicher Gestalt, sein Geist weht auch selbst im Heidentum; aber der Hochmut reißt es nieder, und wer demütig ist, der kann sich kühn einen Christen nennen.

Brief an Pückler
Gebet ist Denken, Denken führt zur Wahrheit, darum heißt es auch: Höret nicht auf zu beten, so werdet Ihr erhört werden; das heißt: Höre nicht auf zu forschen, so wirst Du erhört werden, Du wirst Geist empfangen, der allein göttliches Geschenk ist.

Brief an Pückler
Als die Juden keinen Führer mehr hatten, der Vermittler war zwischen Gott und ihnen, da machten sie sich ein goldnes Kalb, und um einen Gegenstand zu haben, zu dem sie ihre Gebete richten konnten. Die Philosophen sind seitdem gewahr geworden, daß sie den fehlenden Gott nicht mehr außerhalb, sondern im Inneren suchen mußten; da waren sie nicht faul, jeder wollte zu dieser Allheit in sich selbsten kommen, und wollte der Menschheit durch

sein Inneres beweisen, daß die Allheit (die Gottheit) von ihm ausgehe, und vergaß dabei wieder im Inneren zu forschen, weil er nur das Äußere im Auge hatte, und so kam er um seinen Gott und das All, und blieb dem Nichts, dem Teufel, gebunden.

Brief an Savigny
Was hilft mich's, das Evangelium bekennen, wenn ich das, was zu meinen Gunsten, zu meinem Recht mich auffordert, feigerweise nicht wage zu unternehmen?

Brief an Freyberg
Gerad weil die Menschen immer aufs Außerordentliche hindenken, darum versäumen sie Ihn, der oft in der heiligsten Stille dahin weht, wie eine heimliche Luft. Aber die Menschen erfüllen sich mit Lügen, und wissen nicht was sie wollen, sie sprechen als ob tausend Geister in ihnen erständen, und doch hat keiner so viel Zeit, daß er eine Viertelstunde nicht dem Treiben der Welt hingegeben wär; von dem was wahrhaft ist, kann man nicht viel Worte machen, man kann die Größe, die Unendlichkeit des Gefühls nicht anstaunen, sondern es gehet

über einem hin, und berührt nur leicht, es hat keine Gestalt, keine Art, es läßt sich nicht begreifen, es läßt sich nicht berühren, es kömmt nicht weit her, und geht nicht weit hin, denn wo es ist, da ist sein Himmel; und wer fühlt, der empfängt Himmlisches.

Brief an Döring

Du mußt mit freiem Blick alles anschauen, sonst bist Du nicht im Christentum. – Du mußt seine Religionen empfinden können in seiner Ursprache, denn sie sind alle aus dem Instinkt hervorgegangen, der Uns mit dem Göttlichen vermählt. – Aber weil die Menschen jeden Augenblick gegen den Bund mit der Gottheit sündigen, so haben sie statt der Vermählung einen Götzendienst draus gemacht.

Brief an Friedrich Wilhelm IV.

Der Gott, den man anbetet, ist allemal das goldne Kalb, aber der Gott, der handelt in uns mit kühner Selbstvergessenheit, der ist immer der wahre Gott, und der die Welt an den Busen drückt, in jedem Begriff sie selig machen will. Der die Verheißungen versteht der Menschheit und ihnen entgegenschreitet, der ist mir geliebt.

Brief an Friedrich Wilhelm IV.

Ich will nichts anders von Gott, als daß mein Herz nicht zu Stein werde in meiner Brust, wenn er mich zum Werkzeug ausersieht seiner unmittelbaren Barmherzigkeit! Und daß die eigne Energie mir nicht fehle selbständig zu wirken und zu handlen, wie es einem göttlichen Anregen entspricht. Ich will auch nicht feilschen und Bedingungen stellen; ich will mich ganz vergessen; wo Elend, Schmach und Verzweiflung sich mir entgegendrängen, da will ich's als höchste Gnade von Gott annehmen, diese lindern zu können! Und will kein menschlich Urteil oder Gesetz mich darin beschränken lassen und immer weiter dringen in dieser großen göttlichen Eigenschaft der Barmherzigkeit, der Gnade, die unsterblich macht!

»Die Natur wird Geist in des Menschen Sinne«

Über die Natur

An Goethes Mutter

Bei Ihr ist Mitternacht eine Stunde der Geister, in der Sie es für eine Sünde hält, die Augen offen zu haben, damit Sie keine sieht; ich aber ging eben noch allein in den Garten durch die langen Traubengänge, wo Traube an Traube hängt vom Mondlicht beschienen, und über die Mauer hab ich mich gelehnt und hab hinausgesehen in den Rhein, da war alles still. Aber weiße Schaumwellen zischten, und es patschte immer ans Ufer, und die Wellen lallten wie Kinder.

Wenn man so einsam nachts in der freien Natur steht, da ist's, als ob sie ein Geist wär, die den Menschen um Erlösung bäte. Soll vielleicht der Mensch die Natur erlösen? Ich muß einmal darüber nachdenken; schon gar zu oft hab ich diese Empfindung gehabt, als ob die Natur mich jammernd wehmütig um etwas bäte, daß es mir das Herz durchschnitt, nicht zu verstehen, was sie verlangte.

An Goethes Mutter

Ich hab grad keinen empfindsamen Respekt vor der Natur, aber ich kann's doch nicht leiden, wenn sie so beschmutzt wird mit Papier und Wurstzipfel und zerbrochnen Tellern und Flaschen, wie hier auf dem großen grünen Plan, wo das Kreuz zwischen Linden aufgerichtet steht, wo der Wandrer, den die Nacht überrascht, gern Nachtruhe hält und sich geschützt glaubt durch den geweihten Ort.

An Goethe

O liebster Freund! Der Mensch, wenn er Morgennebel trinkt und die frischen Winde sich mit ihm jagen und der Duft der jungen Kräuter in die Brust eindringt und in den Kopf steigt; und wenn die Schläfe pochen und die Wangen glühen und wenn er die Regentropfen aus den Haaren schüttelt, was ist das für eine Lust!

An Goethe

Wer sich nach der schönen Natur sehnt, der wird sie am besten beschreiben, der wird nichts vergessen, keinen Sonnenstrahl, der sich durch die Felsritze stiehlt, keinen Windvogel, der die Wellen streift, kein Kraut, kein Mückchen, keine Blume am einsamen Ort. Wer aber mitten drinnen ist und mit glühendem Gesicht oben ankommt, der schläft, wie ich, gern auf dem grünen Rasen ein und denkt weiter nicht viel, manchmal gibt's einen Stoß ans Herz, da seh ich mich um und suche, wem ich's vertrauen soll.

An Goethe

Im Sommer, in dem leidenschaftlichen Leben und Weben aller Farben, wo die Natur die Sinne als den rührendsten Zauber ihrer Schönheit festhält; wo der Mensch durch das Mitempfinden selbst schön wird; da ist er sich selbst auch oft wie ein Traum, der vor dem Begriff wie Duft verfliegt. –

Das Lebensfeuer in ihm verzehrt alles; den Gedanken im Gedanken, und bildet sich wieder in allem. Was das Aug erreichen kann, gewinnt er nur, um sich wieder ganz dafür hinzugeben; und so fühlt man sich frei und keck in den höchsten Felsspitzen, in dem kühnsten Wassersturz, ja mit dem Vogel in der Luft, mit dem man in die Ferne zieht, und höher mit ihm steigt, um früher den Ort der Sehnsucht zu erblicken. Im Winter ist's anders, da ruhen die Sinne mit der Natur, nur die Gedanken graben, wie die Arbeiter im Bergwerk, heimlich in der Seele fort.

An Goethe (Tagebuch)

Die Natur ist kindlich, sie will verstanden sein, und das ist ihre Weisheit, daß sie solche Bilder malt, die der Spiegel unserer inneren Welt sind, und wer sie anschaut, in ihre Tiefen eingeht, dem wird sie die Fragen innerer Rätsel lösen; wer sich ihr anschmiegt, der wird sich in ihr verstanden fühlen; sie sagt jedem die Wahrheit, dem Verzweifelnden wie dem Glücklichen. Sie beleuchtet die Seele und bietet ihren Reichtum dem Bedürftigen; sie reizt die Sinne und entzückt den Geist durch übereinstimmende Bedeutung.

An Karoline von Günderode
Es ist nichts schöner als so ein Spaziergang im Nebel, mit dem sich, wenn die Nacht kommt, alle Schluchten füllen und der in tausenderlei Gestalten im Tal herumtanzt und an den Felsen hinauf.

An Clemens Brentano
Hoch und niedrig waldumwachsenes Felswerk, an dem der Rasen schüchtern hinaufklettert, und das seine eigensinnigen Klippen so trotzig hinausstreckt, an dem die Nebel sich zerreißen. – Wege des Geheimnisses zwischen brausenden Wassern immer tiefer in unverständlichen Windungen, wo der Sonnenstrahl herabblitzt ins enge Tal und nährt zärtlich die blauen Blüten, und das Sinnenfeuer der Natur dampft aus dem

kalten Stein, der in der Sonne erschwitzt. Der Wacholderstrauch duftet mir da Weihrauch und stachelt meine Wange, und ich weiß nicht, was Glück ist, als nur – daß die Natur dies heimliche Vertrauen zu ihr so mächtig beantwortet.

Gespräche mit Dämonen

Was mir der Tag gewährte, das verträumte ich, und in der Nacht weckte mich der Traum, Weltbegebenheiten mitzuerleben mühelos in der Nacht. – Die Leute höhnten mich, weil ich vergessen war am Tag, ich war nicht minder glücklich, denn der versäumt nichts, den Begeisterung der Phantasie antraut; er sieht zur rechten Zeit alles und im rechten Licht – und spricht mit der Natur, mitlautend in ihr Säuseln, ihre Kühle und lächelnde Stille, sie tönt ihm Verheißungen, denen glaubt das Herz willig. Ich durfte nur lauschen, sie stiegen mir auf über Gebirgshöhen, über dem Wald, im Geläute der Glocken hinaus in die dämmerige Nachtluft voller Sterne.

Gespräche mit Dämonen

Die Natur wird Geist in des Menschen Sinne, die Sonne im Licht der Augen, der Wind im Gefühl, die tönende Luft im Gehör, mit der Rede ergießt der Feuergeist sich ins Herz, und alle Elemente werden Geist im Menschen!

Brief an Arnim

Wenn ich das Leben eines Wanderers recht bildlich beschreiben wollte, so würde ich diese Gegend nehmen, so wie ich sie aus meinem Fenster sah, jung und alte Wälder zur rechten und zur linken, einsame stille Tale, wo es recht wild aussieht, Brücken und Stege über groß und kleine Flüsse, schlängelnder Pfad am Berg hinan, Brunnen unter dem Baum, viele Dörfer hier und dort an Berge gelehnt, an denen das Abendrot hinauf klimmt und alles vom Wind, von Sonn- und Mondlicht in Bewegung und Leben gesetzt. – Und da war ich so froh, wenn ich mich an einem hellen Tag so recht müde geklettert hatte, immer noch höher, immer noch besser wollt ich sehen – ob ich wohl ferner im Leben noch diesen Eifer haben werde, immer noch höher zu steigen, immer noch besser zu schauen und zu erkennen, was gut und schön ist?

Brief an Arnim

Oft ist es mir unerträglich, in unserer matten, engen Stadt eingeschlossen zu sein; in kühlen Felsspalten möchte ich herumklettern, den Quellen nach, wo sie hin- und herkommen; mit dem Mond durch die Wolken ziehen, das ging' nun nicht, aber doch drunter her; sehen, wie er aus dem See steigt, die Berge hinauf. Ich wollte ja gerne aufgeben das Recht, mit den Menschen zu sein, die das Fenster zumachen, wenn der Abendwind kömmt, die nicht über die Wiesen gehen, wenn der Nachttau darauf glänzt. Warum denn nur mit der Welt Menschen sein, warum nicht auch mit ihren Bergen und Blumen und Wäldern, mit ihren Schatten und Lichtern innig und vertraut leben!

Brief an Arnim

Ich weiß nicht, wie das ist; ich hab Dich immer noch so lieb, ich möchte sagen, immer noch lieber jeden Tag, wie sonst, und doch hab ich nicht mehr so eine betrübte Sehnsucht, Dich zu sehen. Ich denk, es kömmt von meiner Schwalbennatur her, jetzt ist es Frühling, und ich möchte gern ziehen, so weit mir die Sonne leuchtet, unbekümmert um die Freunde, die ich zurücklasse.

Brief an Arnim

Die Natur wühlt mit leiser Hand das Herz auf, legt das Samenkorn hinein und scharret wieder zu; wenn nun der Mensch gleich dem Erdboden bei Kräften ist, so gärt's nach und nach, keimt, blüht und stirbt nimmer.

Brief an Freyberg

Denn wo die Menschen einen bewohnbaren Fleck antreffen, da bauen sie sich gleich an und tragen ihre Kleinlichkeiten, ihr Elend auf die herrlichsten Punkte in der Natur. So behandlen sie auch den Geist, das Gemüt, wo sie nicht sich zugleich erheben können, da wollen sie unterdrücken, sie kriechen am Ende wie die Schnekken auf einer schönen Pflanze herum und meinen, es sei alles nur für sie geschaffen.

Brief an Freyberg

Sag nicht, daß Du mich lieb hast, lieb mich nicht, das ist kein Geschäft für Dich, sei eins mit mir, sei weitumfassend, sei allgemein, sei wie die große herrliche Natur, die wir zusammen anschauten auf dem Berg; die umfaßte viele Wesen, und uns beide, die auf dem höchsten Gipfel standen, über ihr, umfaßte sie nicht, aber sie drang in Uns ein; so ist es wahr, daß ein einziger Blick, den uns Gott gönnt, neue Tiefen in unserer Seele erschließt, neue Lebensquellen hervorströmen macht.

Brief an Freyberg
Du stehst in deinen Verhältnissen so gedeihend, daß man Dir wohl ansieht, Du habest nie die Natur verleugnet, also kann man Dir wohl auch am deutlichsten sich erklären, wenn die Pforte zu allem, was ich sagen will, die Natur ist.

Brief an Döring
Ich hab von jeher gesprochen mit der Natur, und was sie mir sagte, ist wahr gewesen und wird es bleiben, für alle unverzagte strebende Geister.

»Die erkennen nicht Gott, die das Unrecht geschehen lassen«

Über Politik, Gesellschaft und Staat

An Goethe

O, es ist eine himmlische Wohltat Gottes, an der wir alle gesunden könnten, eine solche Revolution: er läßt abermals und abermals die Seele der Freiheit wieder neugeboren werden.

An Goethe

Was wohl ein solcher für Gedanken hat, der jeden Gedanken realisieren könnte? – Ein Fürst, dessen Geist das ganze Land erhellen soll? – Er müßte verharren im Gebet sein Leben lang, der angewiesen ist, in tausend andern zu leben, zu handeln.

An Karoline von Günderode

Und was ich niemand sage wie nur Dir, ich mein immer, ich müsse die ganze Welt umwenden, ja, ich sage Dir, es liegt mir so nah, daß ich oft in Träumen mich nach dem Szepter umsehe, wo Gott den für mich hingelegt hat, und würde gewiß die Verwirrung lichten. Nur ein einzig Ding, am rechten Ende angefaßt, zieht eine Menge andere nach sich, die von selbst dann ins rechte Geschick kommen würden. Die Menschen lernen dann allmählich auch das Rechte denken, wenn sie erst eine Weile das Rechte haben tun müssen.

Gespräche mit Dämonen

Wie wunderlich ist's, daß alles sich zankt um den Platz auf Erden, ja, wie schauerlich ist dies! – So grausam ist der Dornenweg, auf dem die Menschheit sich ein Eigentum der Sorge erwirbt – und neiden's einander! – Vom Höchsten bis zum Niedrigsten ist alles eifersüchtig um den Zankapfel des Lebens. – Dort im Treibhaus, wo jedem Pflänzchen sein Platz gegönnt ist und sein Name bewahrt, die Heimat so viel möglich ihm zu ersetzen; und wie da alles in ruhigem Gedeihen zwischen edlen Nachbarblüten dem Licht die Kelche öffnet – und der Gärtner, wenn die Sonne sinkt, durch die ausgehobnen Fenster ergießt reichlichen Abendtau voll tausend Perlen über sie, der sie erfrischt. Da wird mir selber so dumpf, da wird das Herz mir ganz schwer, ich muß mich verachten, daß mir nichts fehlt am Lebensgenuß, da fühl ich mich beschämt durch die Judenkinder, die so begierig das bißchen frische Luft trinken, was ihnen abends über die Giebel ihrer qualmenden Wohnungen zuströmt; dann kränkt mich aller Lebensglanz wie Spott auf meinen unmündigen Willen, dann schwör ich der vornehmen Welt ab, die ihre Ahnen zu zählen so viel Not hat, bloß um das Volk verachten zu können, und dem Geist ist wie dem Auge von oben herab Berg und Tal eine Ebene.

Gespräche mit Dämonen
Zwar du stehst allein, aber einer, der ein Mensch ist, kann mehr als alle, die Unmenschen sind.

Gespräche mit Dämonen
Dem einen die weite Ebne, dem andern die engen Felskammern; dem der öde Meeresstrand und jenem wieder die fruchtbaren Ufer der süßen Wässer; kalte und warme Zonen, alle von Menschen gleich geliebt – die Sinne eingenommen jedem von dem Land, ihm das edelste, worin er geboren.

Gespräche mit Dämonen
In welchen Abgrund würdest du versinken, wolltest du der Gedankenfreiheit Schranken setzen? – Meinungen sind nicht Tatsachen, ihr Ausdruck ist unendlicher Auslegungen fähig; was einer dir verdächtigt, scheint dem andern weise getan. Fesseln kannst du der Gedankenflut nicht anlegen, die alles überschwemmt. Die Freiheit würgen, weil die Frechheit dir zu nahe tritt, das kann dich nicht unsterblich machen!

An die aufgelöste Preussische Nationalversammlung

Es ist die höchste Selbstverleugnung, denen sich aufzuopfern, die man zu unterdrücken gewohnt war, und das Unrecht wieder gut zu machen, mit dem der Fluch böser Leidenschaften das Gerechte und Notwendige überwältigt und das Große verfolgt.

An die aufgelöste Preussische Nationalversammlung

Die erkennen nicht Gott, die das Unrecht geschehen lassen! Nur in denen, welche Unrecht erleiden, erregt eine göttliche Kraft den Mut, es zu bestehen. Die aber, welche das Unrecht üben und ihre Macht dazu als ein Recht an den Unterdrückten geltend machen und es als eine Verletzung dieses Rechts bestrafen, wenn sie sich dagegen wehren, die sind vom Teufel besessen; ihre Taten sind epileptische Ausbrüche ihrer Leidenschaften.

An die aufgelöste Preussische Nationalversammlung

Ist der Gerechte nicht strenger gegen sich und verantwortlicher seiner Ehre, als sie von der öffentlichen Meinung abhängig zu machen? Könnte er auch alles vergessen, selbst was er als Verdienst sich anrechnet; könnte er über jeden Tadel sich hinausschwingen, über jedes Mißlingen oder Mißverstehen seiner Handlungen, das, worüber er nie hinauskommen kann, ist sein eignes Urteil über sich.

Brief an Friedrich Wilhelm IV.

Dem Volk Genius sein, es umfassend stärken und erleuchten zur kühnen Tat, das ist des Königs Beruf, aber er achte der falschen Politik nicht, die Steine in den Brunnen wirft, um den Widerschein zu trüben einer höheren Erleuchtung. Die echte Politik muß Erfinderin sein, sie muß die Bedürfnisse wecken durch neue höhere Begabung, und jedem Reiz muß sie zuvorkommen mit Fülle und dem Volke lehren, alle Geisteselemente furchtlos durchdringen und seine Kräfte grenzenlos ausbreiten.

Brief an Kronprinz Karl von Württemberg

Daß sie den Metternich nicht achten können, ist Instinkt dieser Wahrheitsliebe, solcher reinen Regungen ist jetzt noch Ihr Charakter fähig, der noch nicht zur Lüge der Politik mißbraucht war. Legen Sie ihm nicht den Lebensfaden von selbst in die Schicksalsschere, damit er abgeschnitten nicht als Seil diene, Ihren reinen Willen zu binden, Ihre ursprüngliche Kraft zu ertöten, mit der Sie doch der Zukunft goldne lügenverrammelte Tore sprengen müssen.

Brief an Wilhelm Grimm

Die Leute sagen zwar der König hat die Gewalt; da sie doch in dem Eigensinn und den engen Banden des menschlichen Verstandes gefangen liegt und nur wer diese Bande lösen kann durch den eignen uneigennützigen Geist, der hat Gewalt. Die Gewalt ist Geisteskraft, welche die Grenzen der Eigensucht versehrt und frei macht.

Brief an Savigny

Die Gesetze verklären und hier – durch den Geist der Liebe und der Ehre, den wahren Träger des Staates, zu erhalten, das scheint mir die große Bestimmung eines solchen wie Du, durch den der Himmel eine veredlende Einwirkung in das Treiben der Menschen beabsichtigt; und was dem nicht entspricht, scheint mir unwürdig. – Der Staat muß nicht bloß ehrwürdig, er muß liebenswürdig im tiefsten Sinn des Wortes sein, wenn er sich fest begründen soll. Die Reinheit der Absicht, unverbrüchliches Vertrauen in Gott muß alle falsche Politik wie Spreu verwehen; die großen Männer müssen wie reine Gestirne neue Blüten aus dem Staat hervortreiben, nicht aber sich in Nebel hüllen.

Brief an Savigny

Ich weiß wohl, daß Du so nicht würdest zu dem König reden; denn einem Fürsten die Fehler mitteilen, die in seiner Regierung vorfallen, oder ihm einen höheren Standpunkt zuweisen, das wär wider die Politik der Ehrfurcht, mit der Ihr die Fürsten behandelt wie die Automaten, ja Ihr getraut Euch selbst nicht zu denken und verbergt Euch vor der Wahrheit wie vor einem Gläubiger, den man nicht bezahlen kann. Ihr haltet den Fürsten nur die Reden, auf die sie eingerichtet sind zu antworten ohne aufzuwachen; denn die Wahrheit würde sie wekken, und sie wären dann keine Automaten mehr, sondern selbständige Herrscher, und die Staatsklugheit würde dann nicht mehr mit Niederträchtigkeit verbunden sein, sondern in Weltklugheit sich verwandlen, die aus Gottes Weisheit ausfließt.

Brief an Döring

Die alte Staatsmaschine ist aus so viel überflüssigem Räderwerk zusammengesetzt, in dem eine Schraube oder ein Nagel zu sein – das nennt der Mensch einen guten Lebensweg beginnen, und so gehts fort vom Vater zum Sohn, und an der Maschine wird alles Maschine und der Mensch, das Innere des Menschen, wo bleibt das?

Brief an Friedrich Wilhelm IV.

Ist doch ein großer Fürst zu sein nur dies eine: die Rechte der Menschheit vor dem inneren Gewissen geltend zu machen.

Brief an Friedrich Wilhelm IV.

Alle Tyrannen sind feige und Feigheit ruft die Gefahr selbst hervor. Ungerecht grausam aber sind sie in allem, was ihnen Zweifel erregt, ob sie darin oder in was auch sie Gefahr fürchten für den Staat. Staat aber nennen sie ihre eigne Position, der Besitz ihres Portefeuilles, ihr Ansehen, die ihnen verliehene Machtvollkommenheit, das ist der Staat, der Gefahr läuft und dem sie jedes ungerechte Opfer schlachten. (Ich kann die entschiedensten Beweise geben.) Und weil sie weder den Geist haben, noch den Seelenadel den rechten Weg einzuschlagen, so erregt ihnen in der Angst um ihre Stellung alles Argwohn und alles, was ihnen Argwohn erregt, das opfern sie ihrer Sicherheit und diese Sicherheit glauben sie dadurch am ersten zu gewinnen, wenn sie eine rücksichtslose Strenge, ja eine unbarmherzige Grausamkeit ergehen lassen über Einzelne, die ihrem Hochmut ein Dorn sind und die sie als Exempel statuieren, um die Masse einzuschüchtern. Allein die Masse fühlt sich beleidigt im einzelnen Mißhandelten; und es sammelt sich eine Bitterkeit im Herzen des Volkes.

Quellenhinweise:

Die Zitate wurden folgenden Werken Bettine von Arnims entnommen
(in der Reihenfolge ihrer Erstveröffentlichung):

- Goethes Briefwechsel mit einem Kinde. Berlin 1835. (An Goethe)
- Die Günderode. Leipzig 1840. (An Karoline von Günderode)
- Dies Buch gehört dem König. Berlin 1843.
- Clemens Brentanos Frühlingskranz. Aus Jugendbriefen ihm geflochten, wie er selbst schriftlich verlangte. Charlottenburg 1844. (An Clemens)
- An die aufgelöste Preussische Nationalversammlung. Stimmen aus Paris. Berlin 1848.
- Ilius Pamphilius und die Ambrosia. Berlin 1848. (An Nathusius)
- Gespräche mit Dämonen. Berlin 1852.

Zitiert wurde in der Regel nach folgender Ausgabe:
Arnim, Bettina von: Werke und Briefe. Band 1–4, hrsg.v. Gustav Konrad, Frechen 1958–1963; Band 5, hrsg.v. Joachim Müller, Frechen, 1963.

Briefwechsel:
Assing, Ludmilla: Aus dem Nachlaß des Fürsten Pückler-Muskau. Briefwechsel des Fürsten Hermann von Pückler-Muskau. Band 1. Bern 1971. (Brief an Pückler)
Betz, Otto und Veronika Straub: Bettine und Arnim. Briefe der Freundschaft und Liebe. 2 Bände. Frankfurt a.M. 1986/87. (Brief an Arnim)

Geiger, Ludwig: Bettine von Arnim und Friedrich Wilhelm IV. Unveröffentlichte Briefe und Aktenstücke. Frankfurt a.M. 1902. (Brief an Friedrich Wilhelm IV.)
Holtei, Karl von: Briefe an Ludwig Tieck. Erster Band. Breslau 1864. (Brief an Ludwig Tieck)
Schellberg, Wilhelm und Friedrich Fuchs: Die Andacht zum Menschenbild. Unbekannte Briefe von Bettine Brentano. Jena 1942. (Brief an Savigny)
Schulz, Hartwig: Der Briefwechsel Bettine von Arnims mit den Brüdern Grimm. 1838–1841. Frankfurt a.M. 1985. (Brief an Wilhelm Grimm)
Steinsdorff, Sibylle von: Der Briefwechsel zwischen Bettine Brentano und Max Prokop von Freyberg. Berlin 1972. (Brief an Freyberg)
Varnhagen von Ense, Karl August: Aus dem Nachlaß. Leipzig 1865. (Brief an Varnhagen)
Vordtriede, Werner: Achim und Bettina in ihren Briefen. Briefwechsel Achim von Arnim und Bettina Brentano. 2 Bände. Frankfurt a.M. 1961. (Brief an Arnim)
Vordtriede, Werner: Bettina von Arnims Briefe an Julius Döring. In: Jahrbuch des Freien Deutschen Hochstifts. Tübingen 1963, S. 341–488. (Brief an Döring)

Die Texte wurden in Orthographie und Interpunktion vorsichtig dem heutigen Gebrauch angepaßt.